剣豪より刀剣乱舞へ託された名刀たちの追慕

過去から未来へと語り継ぐ主君との情愛

左文字右京 著

CYZO

第1章 戦場ノ華形 武将・剣豪と名刀

第2章 権力者たちが求める名刀の権威

第3章

「祟」「化物」「正体不明」主が立ち会った、名刀とその奇縁の逸話

第4章 伝説の名刀に秘められた記憶

註詳刀剣名物帳 名物刀剣押形

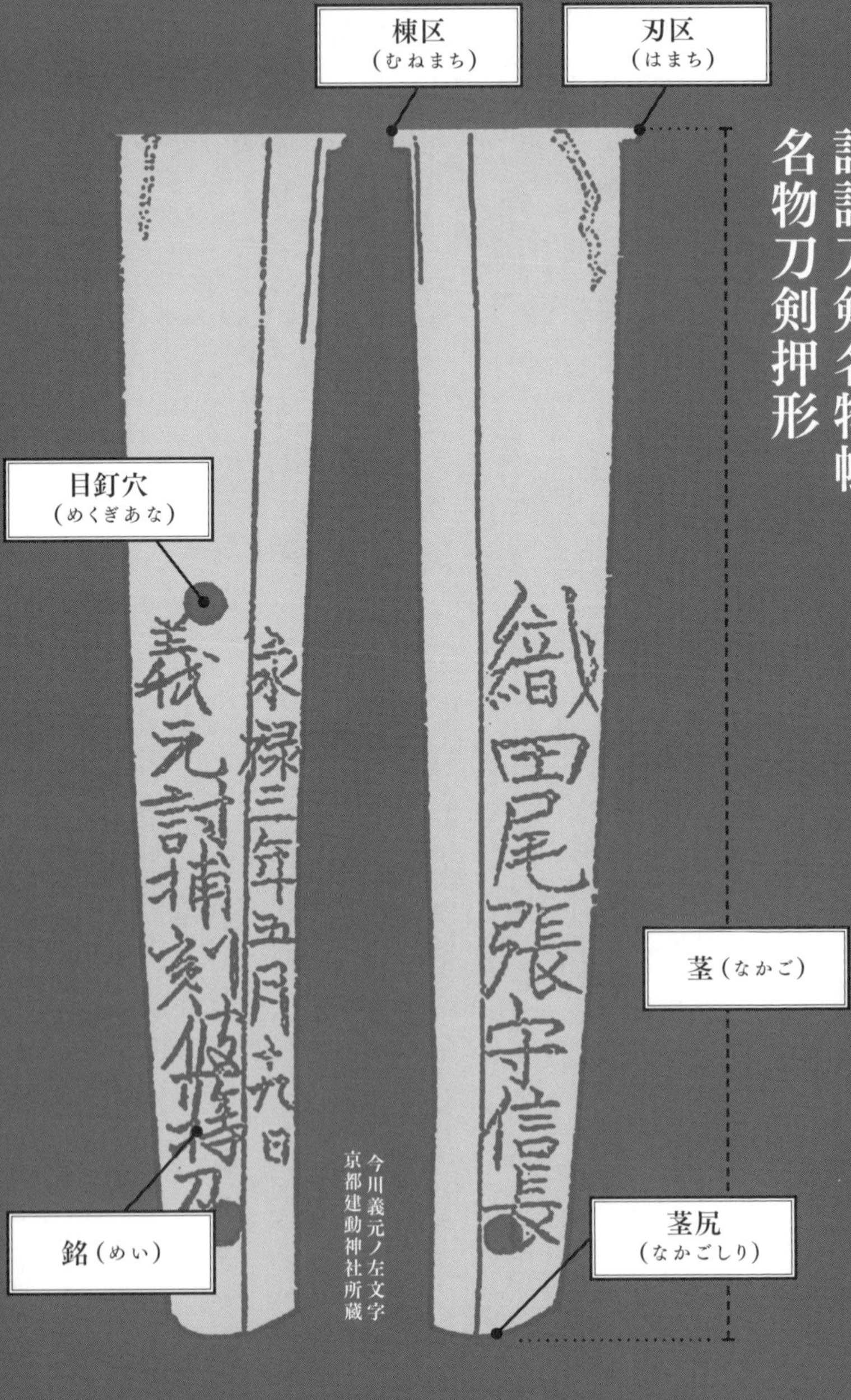

今川義元ノ左文字
京都建勲神社所蔵

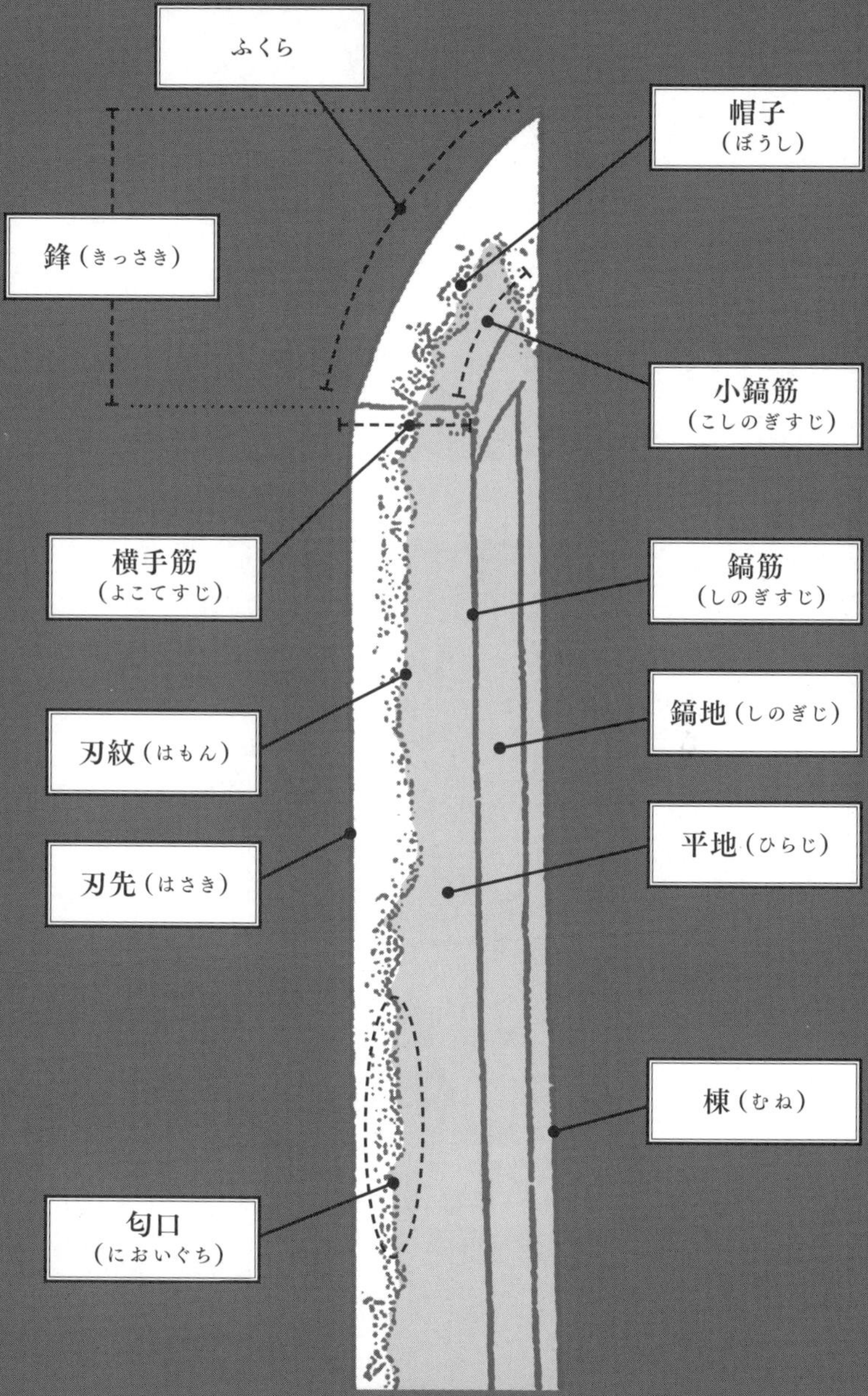
ふくら
帽子
(ぼうし)
鋒(きっさき)
小鎬筋
(こしのぎすじ)
横手筋
(よこてすじ)
鎬筋
(しのぎすじ)
鎬地(しのぎじ)
刃紋(はもん)
平地(ひらじ)
刃先(はさき)
棟(むね)
匂口
(においぐち)

集古十種
刀剣之部

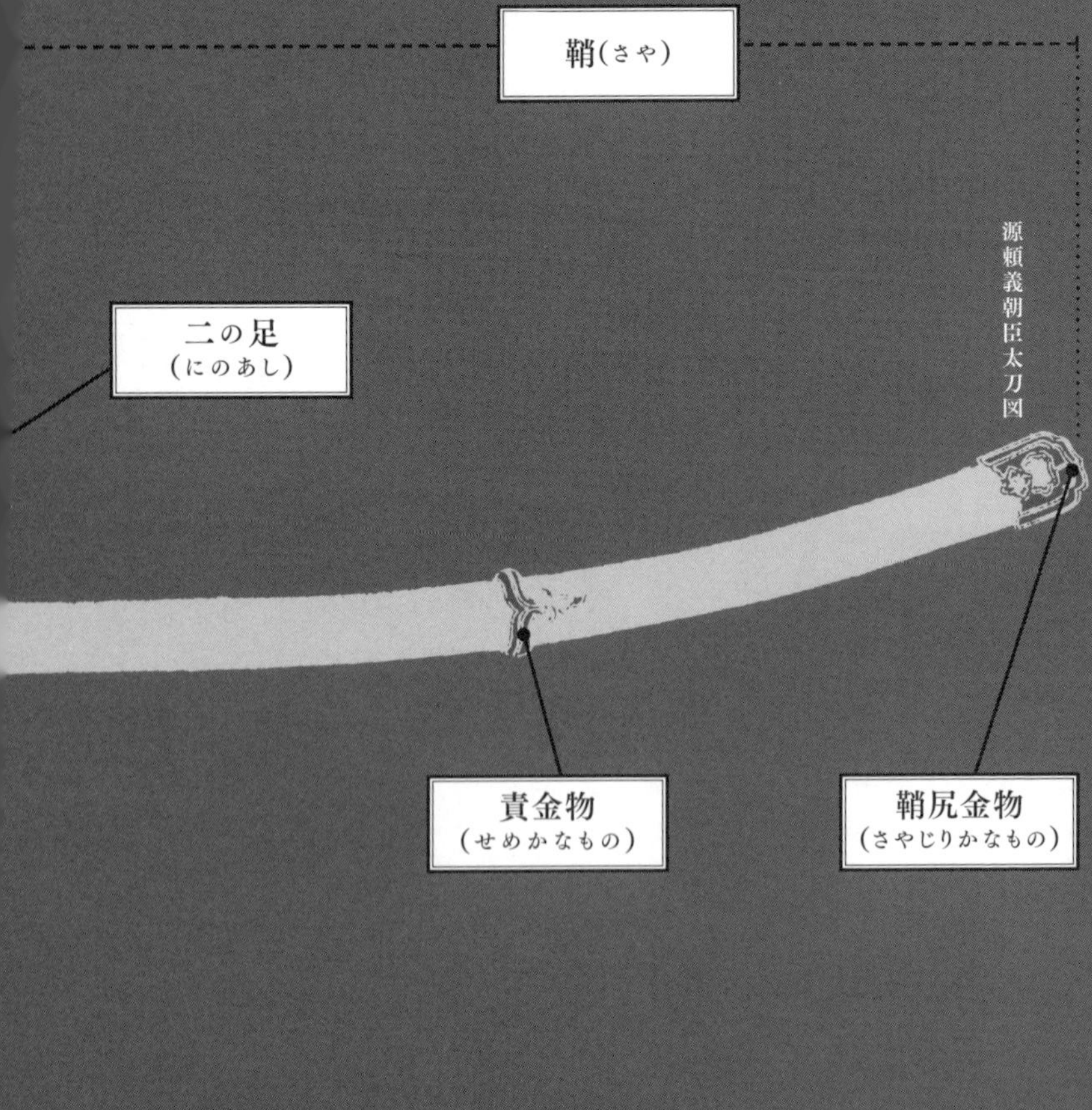

源頼義朝臣太刀図

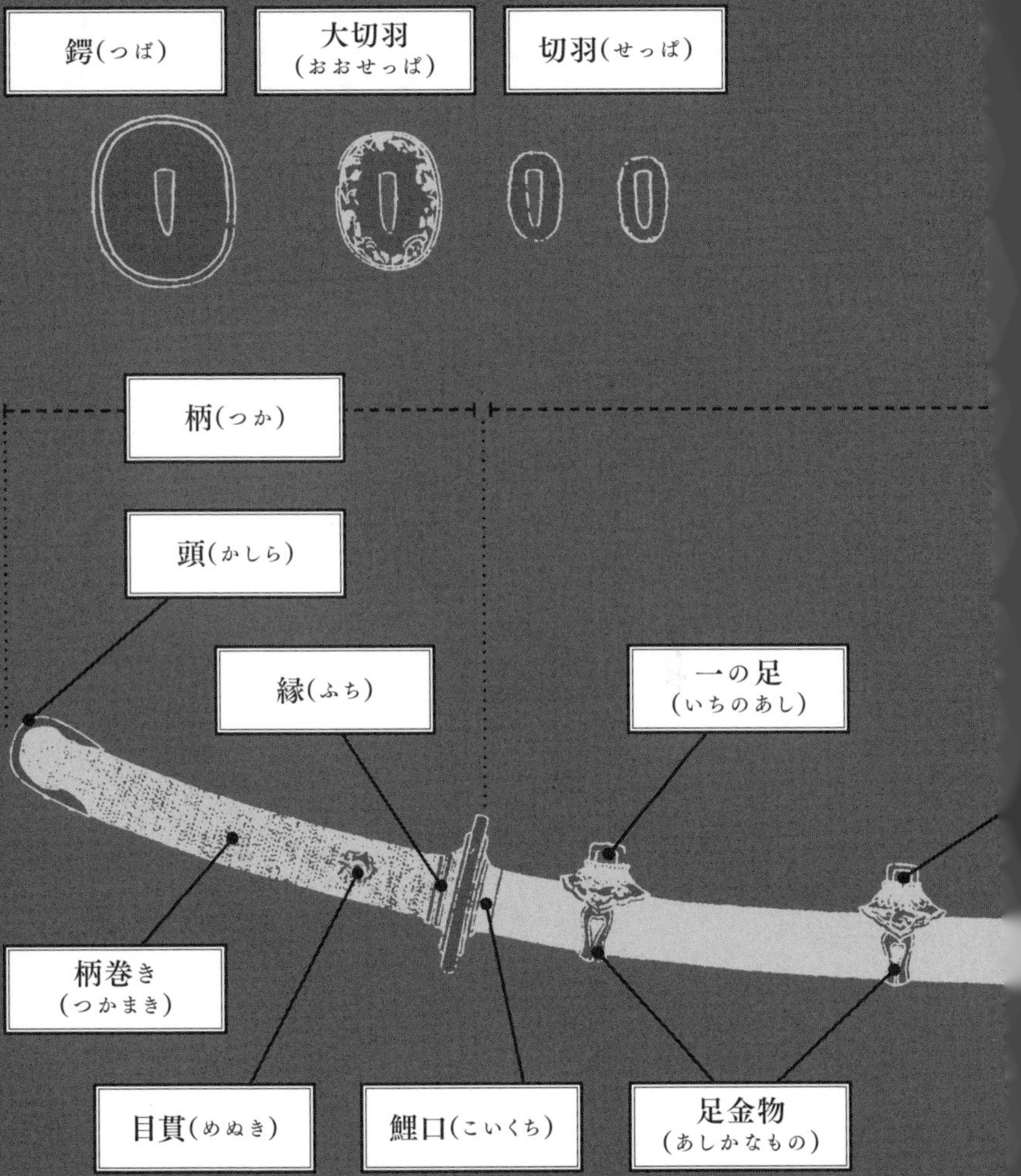

鍔(つば)
大切羽(おおせっぱ)
切羽(せっぱ)
柄(つか)
頭(かしら)
縁(ふち)
一の足(いちのあし)
柄巻き(つかまき)
目貫(めぬき)
鯉口(こいくち)
足金物(あしかなもの)

はじめに 刀剣を愛するみなさまへ

何ごとも細分化が進む世の中において、一概に〝歴史好きクラスタ〟といっても空前の歴史ブームといわれて久しい昨今、その程度のカテゴライズでは何の役にも立ちません。そこでたとえば〝戦国〟〝幕末〟〝誠〟〝信長の野望〟などという定番ジャンルで絞ってみたところで、集団内のもやもやはほとんど解消されることはありません。ではさらに〝天正年間〟あるいは〝川中島限定〟〝島津四兄弟〟〝壬生浪〟〝ＢＡＳＡＲＡ〟などの好みのクラスタごとに分類すればそれでいいのかといえば、少なくともちょっと前まではそれでＯＫでした。

歴史好きがたどる道は、鬱蒼とした森の中に誰かが歩いた痕跡を見るような、踏み入れればわかる〝ルート〟があります。具体的には小説や歴史書だったり城址や戦場を巡る旅だったり、突きつめればいずれも見聞を広めるという行為になるわけで、そこは多くの歴史マニアが必ず通る道、志向がどんどんマニアックになっていくのは当たり前なのです。

そんな中で、人気のないけもの道が突然混み合うこともあります。直江〝天地人〟兼続や前田〝花の慶次〟利益、長宗我部〝アニキ〟元親などがいい例でしょう。「思ってたのと違う」という感想は脇に置いても、やはり好きな武将がちやほやされるのはうれしいものです。

ドラマやマンガ、ゲームのヒットによってメジャー化するのは何も歴史だけには限りませんが、まさかまさか日本刀がブームになる日が来ようとは。

かつて日本刀マニアといえば、歴史好きを自称するマニアの中でも特に近寄りがたい牢名主級の高尚クラスタでした。なんといっても日本が世界に誇る美術工芸品ですから、その奥深さは踏み入れる前から足がすくむような壮大にして荘厳なはるか高みの次元にあり、その感覚は恐怖というよりも畏怖すべきもの、そう考えられてきました。博物館で行われる特別展でも、刀剣展ともなればギャラリーはマスタークラスの先達ばかりで、ある程度以上の専門知識を必要とするのは当然、まさに付け焼刃程度ではアウェイ感が募る一方で、人影もまばらな静まり返った空間の中、大爆死確実の受験会場にも似た居心地の悪さに脂汗を滲ませることになります。それが今や「へし切長谷部」を見るために4時間待ちの行列ができるというのですから!

日本刀は日本の歴史や文化そのものであり、刃の佇まいから拵の美しさなどの外観をはじめ、刀工や所有者の変遷やその物語など、見るべきところは数限りなくありますが、そんな畏れ多い霊峰の峰々を軽やかに結んだ新たなクラスタの出現は、歴史ブームの確変といっていいでしょう。もはや次のブームがまったく予見できない。そんな時代になりました。

ところで「歴史にｉｆはない」というのは、単に歴史的な事実はひとつしかないというぐらいの意味であって、歴史は本来ｉｆで楽しむものです。長い刻を経て今に伝わる遺物は、あらゆるｉｆを秘めていて、中でも日本刀は力の象徴として崇められ、時にはその武器としての本性を剥き出しにしつつ今に至っています。当然そこには長い長い物語があり、中には連綿と語り継がれているものもあれば、語られないまま失われた物語もあるでしょう。

本書は日本刀にまつわる物語を紹介しています。

名刀の実物を目の前にして、吸い込まれそうな感覚に陥るのは、おそらく錯覚ではありません。それはもしかすると、歴史上の人物がかつて味わったものとまったく同じ感覚なのかもしれません。それは今まで語られてこなかった秘められた物語の在処を示している……本書がそんなｉｆの一助となれば幸いです。

第1章

戦場ノ華形

武将・剣豪と名刀

武家の興りと最古の日本刀たち

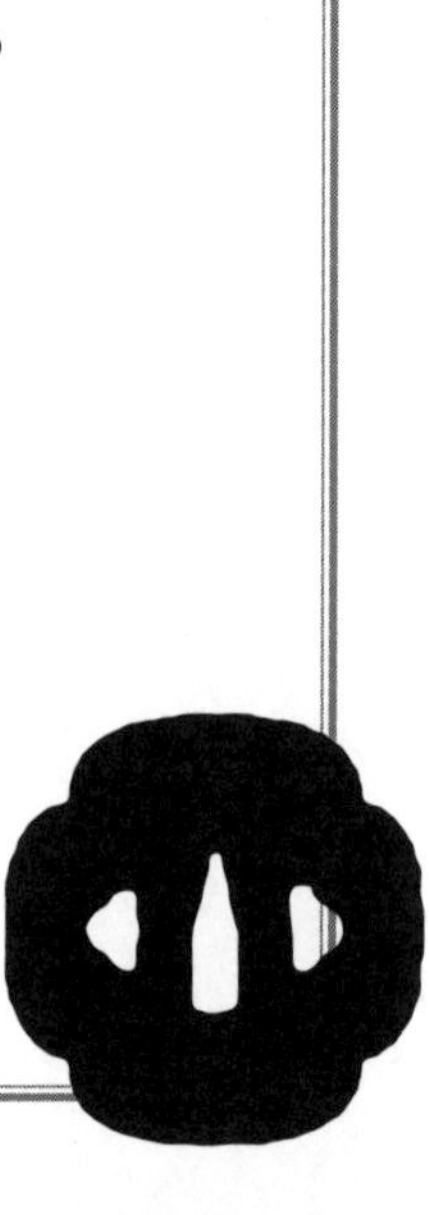

源頼政《みなもとのよりまさ》と獅子王《ししおう》

◆京の怪異を払う武士の力

退魔の秘刀「獅子王」。無銘ながら平安時代末期の大和物の特色が随所に見られ、高い技術を持っていた大和鍛冶の作と考えられる。作風は太刀体配で、匂口の締まった直刃は上代の直刀に似る。黒塗鮫柄の拵は鎌倉時代末期の作とみられる。

この太刀は近衛天皇（在位１１４１〜１１５５）の時代、京を騒がせた物の怪・鵺《ぬえ》を仕留めた源頼政に恩賞として下賜されたと伝わる。『平家物語』からその逸話を引いてみよう。

わずか２歳で即位した近衛天皇は、夜な夜な怯え、発作を起こした。年齢を考えればさもありなんというところだが、高僧貴僧を呼び集め法要を行ったが全く効き目がない。発作が起きるのは決まって午前2時ごろで、その時間には決まって御殿の上空を妖しげな黒雲が覆い尽くしていた。

堀河天皇のころにも同じことがあり、その怪異を鎮めたのは〝八幡太郎〟の名で知られた剛将源義家だった。召し出された義家は弓の弦を3度鳴らし「陸奥守、源義家」と叫ぶと人々はみな身の毛がよだち、天皇の容体も快癒した。そのため再び武士の力が必要であるとして、源平両家の中から武勇で名を知られた頼政が選ばれた。頼政は源頼光の系統に連なる摂津源氏の長で、皇室警護の任に就いていた。しかし今度ばかりは勝手が違う。

「違勅の者を滅ぼすのではなく、化け物を退治せよとは」

頼政は戸惑いながらも従者井早太《いのはやた》を引き連れて参内した。頼政は二重の狩衣《かりぎぬ》を着て、滋藤《しげどう》の弓に山鳥の尾で作った尖り矢を2本携え、早太は鳥の風切羽で作った矢を背負っている。さっそく紫宸殿《ししんでん》の屋根で時を待っていると、東三条の森の方から広がった黒雲が御殿の上にたなびき始めた。頼政は雲の塊の中に妖しい影を認めた。「射止めなければやられる」と直感した頼政は矢を取り八幡大菩薩の名を念じてよっと引きひょうと射た。手ごたえがあり、頼政は「仕留めたり！」と叫んだ。

影はそのまま地面に落ち、早太が取り押さえて9太刀刺した。騒ぎを聞きつけた御所の人々は灯りを手に続々と集まってきた。仕留めた影は頭は猿、胴は狸、尾は蛇、手足は虎の化け物で、鳴く声は鵺（ぬえ＝とらつぐみ）に似ていたという。化け物の死体は丸木船に乗せて鴨川に流した。

天皇は快癒し、左大臣藤原頼長により御剣・獅子王が頼政に与えられた。

◆一族を裏切った源氏の長

その後頼政は保元の乱（1156年）では後白河天皇側に付き勝者となったが、この戦いで源氏側が払った代償はことのほか大きかった。続く平治の乱（1159年）では二条天皇親政派として藤原信頼、源義朝とともに信西・清盛らと戦った。ところが二条天皇が清盛陣営に下ったことから頼政は逡巡した挙げ句、源氏の長でありながら清盛に味方する。当時頼政は56歳、〝悪源太〟源義平が頼政の源氏にあるまじき裏切りに激昂し同士討ちの混戦となったことで、足並みの乱れた源氏は一気に劣勢となった。こうして思いがけず勝者側となった頼政だったが、平氏政権下唯一の源氏の長老としてみるみる出世、70歳になるころには従四位下から従三位へと破格の昇進を果たして公卿となる。源氏の従三位を意味する〝源三位《げんさんみ》〟と称され、74歳にして大出世を果たした頼政は家督を嫡男に譲り隠居した。

ところが時代は〝勝ち逃げ〟を許さなかった。

清盛は後白河法皇に謀略の疑いをかけて幽閉に追い込むと、高倉天皇を譲位させ、孫にあたる3歳の安徳天皇を即位させる。時は平氏全盛を迎えようとしていた。これに不満を持ったのが後白河院の第3皇子・以仁王《もちひとおう》である。

以仁王の挙兵についてはさまざまな説があるが、平氏に対する不満を一気に鎮めるために、清盛があえて以仁王を自由にさせていたという見方もある。これから天皇の外祖父として政治を執り行う清盛は平氏の長期政権を築くためにも、反乱分子は一網打尽にしておく必要があった、というものだ。

◆源平の因縁からは逃れられず

治承4年（1180）、以仁王は〝最勝親王〟を称して、頼政と共謀して平氏追討の令旨《りょうじ》を出した。頼政が以仁王と謀った原因は諸説あってはっきりしない。以仁王の反乱に際しては頼政の養子兼綱らが追補使として派遣され、頼政も当初は説得工作を行っている。ところが以仁王は応じず、御所から逃走してしまう。以仁王は園城寺に入ると、平氏の専横を訴え反平氏勢の蜂起を求めた。頼政が心変わりしたのはこの前後だと思われる。頼政は嫡男仲綱、兼綱以下50余騎を率いて園城寺に入った。甲冑姿の頼政の腰には獅子王があった。老将もやはり源氏の武士だった、ということなのだろうか。

清盛にとって頼政の変心は青天の霹靂だったようで、京には頼政と延暦寺の僧兵300、さらに南都の民衆が攻めてくるという噂が流れ、京から逃れる人々で沸き返るような騒ぎとなった。清盛はまず延暦寺を懐柔し分断工作を図ると、頼政は兵と民衆を率いて南都へと出立。これを軍事行動とみた清盛は追討使を派兵する。これで合戦は避けられなくなった。ついに追討使の軍に追い付かれた頼政は、以仁王を先行させ迎撃に打って出る。追討使は平知盛以下平氏の武将9人で、源氏の武官も加わっている。

戦いは宇治川にかかる宇治橋の攻防となった。大鎧を着た重装騎兵を僧兵とともに迎え撃つ展開で、当初は頼政の計画通りに圧倒したが、馬筏《うまいかだ》による渡河作戦により追討使の騎馬隊に挟撃され、勝敗は一気に決した。

頼政は平等院にこもって抵抗したが、仲綱、兼綱が相次いで討死し、頼政も扇の芝で自害して果てた。享年77。

以仁王は30騎に守られて脱出し逃走を図ったが、頼政が時間稼ぎをしていることに気付いた侍大将・藤原景高が追撃に出る。追い付かれた以仁王は流れ矢を腹に受け動けなくなり、首を切られたという。

以仁王と頼政の死により騒乱は治まった。だが、これは大乱の序曲にすぎなかった。以仁王の令旨を受けた伊豆の源頼朝が、これを大義名分として平氏打倒に動き出すのである。

なお獅子王の行方については詳細はわからない。その後、いつの頃からか源氏の系統を名乗った徳川家康が所有し、清和源氏の流れにある土岐氏へと下賜され代々受け継がれた。

源義平《みなもとのよしひら》と石切丸《いしきりまる》

◆石をも切るといわれた名刀

東大阪市にある石切剣箭《いしきりつるぎや》神社。生駒山麓に鎮座し、祭神は天照大神《あまてらすおおかみ》の孫である瓊々杵尊《ににぎのみこと》の兄・饒速日尊《にぎはやひのみこと》とその子・可美真手命《うましまでのみこと》の2柱。どちらも大和・河内地方を本拠にした物部氏や穂積氏に関わりの深い神である。火災により社殿、宝物庫ともに焼失したため詳しいことはわからないが、創建はかなり古いと考えられる。文献に表れるのは貞観年間（859〜877）となっている。

〝いしきりさん〟の愛称で「でんぼ（腫れ物）の神様」として親しまれているが、神社名の「石切」という名前はどこから来たのだろうか。一帯の地名は石切となっており、石を採取した〝石切場〟であったことを連想させるが、この地名は神社から発祥したものである。神社の縁起によれば、石をも切り通す剣と箭《や》（矢）を御神体としているためであるという。物部氏は天皇の軍事的役割を担った豪族であるため、物部氏にゆかりのある神社名が武具に由来とするというのも頷ける。

「石切丸」は石切剣箭神社の宝刀である（小狐丸も所蔵）。縁起に登場するのは『古事記』『日本書紀』に記された霊剣・布《ふ》都《つ》御《み》魂剣《たまのつるぎ》で、神武天皇から可美真手命へと授けられたという。神話時代にはさまざまな剣が登場するが、その中に「神《かみ》代《よ》三《さん》剣《けん》」という3振がある。3種の神器のひとつ・天叢雲剣《あめのむらくものつるぎ》と天《あめの》羽《は》々《ば》斬《きり》、そして布都御魂剣である。布都御魂剣は国造りに関わりの深い剣で、建《たけ》御《み》雷神《かづちのかみ》が国土平定に用いたといわれる。

現世においては「石をも切る」とその優れた性能を称えられた名刀は複数存在した。そのひとつが〝悪源太〟と呼ばれた源義平が佩刀した「石切丸」である。

この時代の〝悪〟とは現代でいう善悪の悪ではなく、「強い」「猛々しい」という意味である。「源太」とは源氏の長男を指す呼び名で、これは蔑称ではない。

◆皇族の争いがもたらした武士の時代

平氏も源氏も、元はといえばどちらも皇族の系統の一族である。律令制は第41代天皇・持統天皇（在位690〜697）の時代に施行され、時代に合わせて完成されていくが、桓武天皇の時代に対蝦夷戦争や平安京遷都が行われ、下級貴族らが専業的な武装集団を形成し治安維持や紛争鎮圧などを請け負うようになる。こうして「武」を生業とする家が生まれた。武士の台頭するきっかけとなった北面武士《ほくめんのぶし》は、院庁の警護を名目として置かれた院直属の軍隊である。すなわち、武士の台頭を招いたのは院政（天皇が上皇（院）として天皇の代わりに政務を執る）の始まりに伴うものだった。白河院が平氏を抜擢したのは、藤原摂関家が重用した源氏に対抗したものだったとされ、こうして武士は朝廷の権力争いに巻き込まれていく。

保元元年（1156）、鳥羽法皇が崩御し、朝廷内は皇位継承を巡り後白河天皇と崇徳上皇が激しく対立。摂関家でも藤原頼長と忠通が分裂し、ついには内乱が勃発。世にいう保元の乱である。戦いは天皇方の完勝に終わったが、それまで虐げられてきた武士の立場は一変した。公家たちは武力をもはや無視できなくなったのだ。

勝利した後白河は二条天皇に譲位し自身は上皇として院政を敷いた。源義朝と平清盛という武士の二大実力者が生まれたが、すでに後白河側近の信西と清盛は結託、平氏側ばかりが厚遇され、不満を抱いた源氏側に信西追い落としを謀る新進気鋭の藤原信頼が接近、こうして平治元年（1159）、平清盛と源義朝が激突した。

結論からいえば、この平治の乱ではわずか数週間で混乱を治めた清盛が、歴史の表舞台に躍り出る端緒を掴んだ。一方、敗れた源氏は雌伏の時に入ることになる。

◆石切丸を振るう悪源太

源義平は義朝の嫡男で、15歳にして叔父の義賢（木曾義仲の父）を討ち、その勇猛さで名を挙げた。関東で留守を守っていたが義朝に請われて上洛、内裏攻めや平氏の拠点である六波羅襲撃で八面六臂《はちめんろっぴ》の活躍を見せたが、清盛が御所の守りを強化しつつさらに兵を六波羅に集中させると、瞬く間に源氏は敗走に転じた。

藤原信頼は臆面もなく後白河上皇を頼るも捕らえられ斬首、義朝は東国を目指して逃げる途中に暗殺された。逃走中だった義平は父の死を伝え聞くと一矢報いるべく都に取って返した。義平は近江国石山寺に潜んでいたが、平氏家人難波経房の軍勢に取り囲まれてしまう。義平は300騎の軍勢をものともせず石切丸を抜いて名乗りを上げた。『平治物語』にはこうある。「御曹司、はかまのそばたかくはさみ、石切をぬくまゝに、『源義平こゝにあり。よれや、手がらのほど見せむ。』とてはしり出、其前にすゝみたる兵四五人きりふせて（以下略）」

義平は一旦は逃れるも捕らえられ、六条河原で斬首されることになった。

義平は太刀取りを務めた難波経房に対し、処刑の直前にこう言ったという。

「をのれは義平が頸うつほどの者か。はれの所作ぞ。ようきれ。あしうきるならば、しやつらにくいつかむずるぞ」（お前は、義平の首を討つほどの者なのか。名誉なことだな、うまく斬れよ。まずく斬るならば、お前の頬に食いついてやるぞ）

経房は「私が手にかけた首が、どうやって頬に食いつくというのです」と問うた。
「誠に只今くいつかんずるにはあらず。つるには必ず雷と成て、けころさんずるぞ」（今食いつこうというのではない。必ず雷になって蹴り殺してやる）
義平はこう言って首を高らかに差し上げ、振り返って「ようきれ」と経房を睨んだ。
こうして義平は処刑されたが、それから8年の後、経房は雷に打たれて死んだという。

源頼朝《みなもとのよりとも》と鬚切《ひげきり》

◈罪人の首を鬚ごと斬った源氏の宝刀

源氏重代の刀のひとつ。『源平盛衰記』所収の「剣巻」によれば、藤原摂関家に随従して鎮守府将軍となり、清和源氏発展の礎を築いた源満仲《みなもとのみつなか》は、「天下を守るべき者は、良き太刀を持たでは如何せん」として、筑前三笠に住む異国の刀工を召し、王朝武者に相応しい特別な刀を作らせた。源氏の氏神である八幡大菩薩の加護を得て打ち上がった最上の2振の太刀。そのひとつが鬚切である。

その奇妙な名は、試し切りにした罪人の首を鬚もろとも切る鋭い斬れ味から名付けられた。長さは2尺7寸（約82センチメートル）、漢王・劉邦が乱世を治めた「漢王三尺の剣」にもたとえられる天下の利剣であった。

髭切には異説も多く、『平治物語』では奥州鍛冶の文寿なる人物が鍛えた刀とされ、源義家が東北の安倍貞任《あべさだとう》・宗任《むねとう》を攻めた際、生け捕った敵兵千人の首をことごとく鬚ごと切ったため、この名が与えられたともいわれる。

源氏の嫡男に代々受け継がれた太刀だったが、平治の乱で棟梁・源義朝は髭切を嫡男義平にではなく、わずか13歳の3男頼朝に与えている。頼朝は平家に先んじて六波羅攻めを進言したように、一族の中でも聡明かつ武勇に秀でた人物であり、母は正室・由良御前《ゆらごぜん》（熱田大宮司・藤原季範《ふじわらのすえのり》娘）と家柄も高かったことから実質的な後継者とみなされていた。

そもそも王朝武者としての源氏重代の刀であるということは、必然的に夷敵を討ち魔を払う特別な刀でなければならない。満仲、義家、頼朝と、戦場に身を投じて清和源氏の礎を築いたキーマンそれぞれに刀にまつわる霊異譚を持ち、源氏飛躍の重大な局面でその存在を知らしめる重宝であったというのも印象深いが、やはり髭切は降魔の力を備えていたようである。

◆鬼の腕を斬り落とした頼光四天王筆頭・渡辺綱

満仲が組織した源氏武士団は嫡子頼光《よりみつ》に引き継がれた。頼光は自ら摂関家の警護を務めるなど、王朝武者の典型でありながら、とても現実とは思えない不可思議な伝説で彩られた人物である。物語は酒呑童子、金太郎伝説、羅生門の鬼退治など、武勇にちなんだエピソードばかりで、配下には豪傑ぞろいの頼光四天王（渡辺綱《わたなべのつな》、坂田公時《さかたのきんとき》、碓井貞光《うすいさだみつ》、卜部季武《うらべのすえたけ》）を従えていた。鬚切は渡辺綱が鬼の腕を斬り落とした刀として知られる。

ある夜、綱は頼光の命により一条大宮に遣わされた。その頃の京は鬼が出て危険だったため、頼光は鬚切を綱に帯びさせた。帰り道、一条堀川の戻橋に差し掛かった時、綱はひとりの女を認めた。肌は雪のように白く、紅梅柄の打衣を着た、年の頃は20歳ほどの美しい女である。

「夜は危ない。私がお送りしましょう」

綱は馬を降りて、代わりに女を乗せ、まだ人気のある五条に向かって歩き出した。ところが女は方角が違うと言う。綱が見やると女はみるみる鬼の姿に変わり、「わが行くところは愛宕山ぞ」と言い放つと綱の髻《もとどり》を掴んで宙に舞い上がった。しかし綱は少しも動じず鬚切を抜き、鬼めがけて一閃すると一太刀で腕を断ち斬り、綱は鬼の腕ごと落下した。落ちた場所は北野天満宮の回廊で、隻腕となった鬼は呪詛の言葉を残して飛び去った。残された鬼の腕は真っ黒で針のような剛毛がびっしりと生えていたという。

鬚切は何度か名前を変えている。鬼の腕を斬った鬚切は「鬼丸」（鬼切とも）と改名し、義朝の父・為義の代には獅子の鳴くような声で夜通し吼えたため「獅子ノ子」の名が与えられた。その後、源平合戦の噂を聞きつけて馳せ参じた娘婿の熊野別当・教真の志に感じ入った為義は同じく源氏重代の兄弟刀「吼丸」（膝丸）を教真に与えて、代わりに寸分違わぬ太刀を作らせた。その刀は柄に烏の目貫を入れて「小烏《こがらす》」と命名したが、「獅子ノ子」と比べると2分（6ミリメートル）ほど長かった。ところがある時、不思議なことに「小烏」の茎が切られて同じ長さになっていた。これを「獅子ノ子」の仕業とみた為義は、「獅子ノ子」の号を「友切《ともぎり》」に改めた。こうして源氏重代の宝刀はそれぞれ「友切」「小烏」となった。

◆おごる平氏が犯した最大の過ち

保元の乱で敗れた為義が刑死し、勢力を伸長する平氏に対して、多くの一族郎党を失った源氏は大きく水を空けられた。八幡大菩薩により家勢の衰えが「友切」の名にあるとの託宣を受けた義朝は、号を「髭切」に改めて頼朝に与えた。一族が敵同士となって血を流しただけに、重代の宝刀が「友切」の名ではいかにも縁起が悪い。源氏隆盛を願って打たせた名刀が再び号を元に戻し、武勇に抜きん出た頼朝の手に渡ったことは運命的なものではあったが、雌伏の時は今しばらく続く。

六波羅を押し出され、六条河原で大敗した源氏勢は散り散りになって東国へと落ち延びた。しかし平氏は追撃の手を緩めようとしない。義朝とはぐれた頼朝は、ひとり山中を彷徨った。脇にはカヤで包んだ髭切を抱いている。近江森山宿では髭切で追手を抜き打ちにして難を逃れた。もはや鬚切は源氏一統どころか頼朝の命を守る唯一の拠りどころとなっていた。頼朝は里の民たちの助けを借りながら不破関を越え、美濃青墓に逃げ延びたが、ついに捕らえられ京へと送られた。もはや死は免れない。頼朝は観念した。

義朝を討ち果たした平清盛は「小烏」を手にしていた。頼朝が鬚切を携えていなかったため、清盛は鬚切の捜索を命じた。一方、源氏の支援者であった青墓の長者大炊は、源氏再興のために鬚切を守り通すことに決め、刀身を伝来の名刀「泉水《せんすい》」に抜き替えて、平氏の手の者に差し出した。清盛が頼朝に確認させると、頼朝は一瞬迷ったもののすぐに大炊の意を読み取り「鬚切に候」と答えた。清盛は大いに喜んだ。これで源氏伝来の兄弟刀が揃ったのだ。まさに平氏の完勝であり、天下を独占するどころか、平氏の治世に障壁すら見当たらないのだ。慢心は情けとなって表れ、平家滅亡の種を残した。

頼朝は、「亡きわが子・家盛（清盛の弟）に面影が似ている」という清盛継母・池禅尼《いけのぜんに》の必死の懇願により死を免れ、伊豆へと流された。この温情が後に平家に仇なすことになろうとは、神ならぬ清盛には知る由もない。

鬚切は長者大炊の手によって密かに由良御前の実家・熱田宮に奉納された。治承4年（1180）、平氏追討のため挙兵した頼朝の手に再び鬚切が戻ると、その威力の前に平氏は敗れ去り、ついに源氏の世が開かれるのである。

源義経《みなもとのよしつね》と膝丸《ひざまる》

◆罪人の胴を寸断し膝まで斬り落とす

源氏に伝来した2振の兄弟刀は「鬚切」と、この「膝丸」である。鬚切同様、多くの逸話を持つ太刀で、試し斬りにした罪人の胴を断ち膝頭まで斬り落としたためこの名がある。

ただし源氏に代々伝わる8領の鎧「源氏八甲」の中にも同じ「膝丸」と名付けられた鎧がある。千頭の牛の膝の革を用いて作ったとされる特別な鎧だが、重代の宝刀と鎧が同名となった理由は定かではない。

膝丸も鬚切同様に退魔の霊力を秘めていた。怪異を斬ったのはやはり数々の伝説を持つ頼光の頃である。

それは頼光四天王筆頭・渡辺綱が一条戻橋で鬼を斬った年の夏のこと、頼光は原因不明の熱病に冒された。いつまで経っても熱が引く様子がなく、それどころか頭痛はひどくなるばかり、体中が火照って天にもつかず地にもつかず、そんな状態がひと月以上続いた。

ある夜、高熱が出た頼光を心配して四天王も駆け付け、総出で看病した甲斐あってか熱も下がり、四天王はじめ家臣らはひとまず安堵して休んでいた。夜が更けて、頼光は異様な気配に目を覚ました。闇の中で幽かな影が揺らぎ、一瞬のうちに大きくなったかと思うと、身の丈7

尺（約212センチメートル）はあろうかという大入道の姿になり、頼光の寝床ににじり寄り縄を放って絡め取ろうとする。頼光は跳ね起きると、枕元の膝丸を抜き打ちにして大入道に斬り付けた。騒動に気付いた四天王が駆け付けた時には大入道の姿はどこにもなく、燭台の下におびただしい血だまりがあるばかりだった。周囲を調べると血痕は外に続いており、辿っていくと北野天満宮の裏にある大きな塚で途絶えていた。怪異の正体を見極めるべく頼光と四天王が塚を掘り起こすと、体長4尺（約121センチメートル）ほどの巨大な山蜘蛛が現れた。頼光はこの山蜘蛛を捕らえ鉄串で刺し貫いて河原に晒した。以降、頼光を悩ませた原因不明の熱病はぴたりと治まり、怪異もすっかり止んだという。

このことがあってから膝丸は「蜘蛛切」と号されるようになった。

◆離れ離れになった兄弟刀が意味するもの

頼光が斬った異形の者たちの中でも大蜘蛛は特に因縁の深い妖怪である。大蜘蛛は土蜘蛛とも呼ばれ、一説に上古に天皇に従わなかった土豪たちの異称といわれる。王朝武者である頼光にとってその存在は王権を脅かす邪悪なるものであり、率先して討たねばならない〝夷敵〟であった。そういう意味では、前九年の役で奥州の安倍氏討伐に赴いた頼光の甥・源頼義に、朝廷の意を汲む形で蜘蛛切と鬼丸（鬚切）が与えられたというのも象徴的である。頼義と子の〝八幡太郎〟義家は奥州の混乱を鎮め、東国に源氏の基盤を築いた。

『源平盛衰記』にはこうある。

「頼義の九箇年の戦と、義家の三年の軍を合はせて、十二年の合戦とは申すなり。何れも剣の徳によりて敵をば取りてけり」

義家の孫・為義の代になると、2振の兄弟刀は夜通し吠えるようになり、獅子の鳴く声に似た鬚切は「獅子ノ子」、蛇の鳴くような声を発した蜘蛛切は「吼丸」と改名された。さらに為義は、娘婿の熊野別当・教真の源氏を思う志に打たれ、吼丸を引出物として与えてしまう。この頃、源氏一族は対立の危機を迎えており、保元の乱、平治の乱で大きく勢力を削られていくことになる。源氏重代の2振の兄弟刀が名を変えて、離れ離れになってしまうという筋立ては、滅亡の瀬戸際まで追い込まれる源氏一族の混乱と悲劇的な運命を暗示している。

為義から吼丸を授けられた教真は、源氏重代の刀を預かる身ではないと思い至り、熊野権現に奉納した。吼丸は山深い熊野の地で時を待つことになる。

◆快進撃をもたらした源氏重代の2振

頼朝が平氏追討に兵を挙げると坂東の各豪族が呼応、騒乱は全国に波及していった。21代熊野別当・湛増《たんぞう》は源氏に付くことを決め、京に攻め上っていた義経の元を訪ね、宝刀・吼丸を献上した。義経は喜び、山深い熊野から木々を分け出でてきた労苦をねぎらい新緑の春山を思い浮かべ、「薄緑《うすみどり》」の名を与えて秘蔵した。この太刀を手にして以来、不思議なことにそれまで平家に従っていた山陰・山陽勢、さらに南海・西海の海賊が次々に源氏方に転じたという。

「判官殿（義経）、在々所々にて多くの戦ひしけれども、一所も創《きず》を被らず、毎度の軍に打勝ちて、日本国に名を揚げし事も、只この剣の力なり」（『平家物語 剣巻』）

源氏重代の宝刀の加護があってか、頼朝の持つ鬚切と義経の薄緑（膝丸）は源平合戦を勝利に導いたが兄弟刀はまだひとところになく、逆に頼朝と義経の不和によって再び別離の危機を迎えていた。

頼朝の怒りを買って鎌倉入りを許されなかった義経は、叛意のないことを文書で訴えたが頼朝は聞き入れようとしない。義経は仕方なく箱根権現に兄弟の復縁を願って薄緑を奉納すると、奥州へと落ちていった。

建久4年（1193）、相模の曾我祐成《そがすけなり》（十郎）・時致《ときむね》（五郎）兄弟が、富士の狩り場で、父の敵である工藤祐経《くどうすけつね》を討った際、箱根別当から与えられた太刀が薄緑だったといわれる。

その後、薄緑はようやく頼朝の元に届けられ、兄弟刀はこうして再び巡り合うことになった。義経の死から4年。兄弟が再びまみえることはなかったが、一族の分裂に至らなかったのは幸いだったといえるだろう。

源義経《みなもとのよしつね》と今剣《いまのつるぎ》

◆戦の天才義経の最期を見守った刀

兄・源頼朝に京を追われ、北陸から奥州に逃げ延びた義経は、奥州藤原氏の本拠平泉に匿われた。北方の王者と謳われた奥州藤原氏。英邁で知られた秀衡《ひでひら》は義経の育ての親でもある。そのため秀衡は頼朝に屈することなく義経の引き渡しを断固拒否した。頼朝は秀衡追討の院宣を後白河法皇に要請し、奥州攻めへと動き出す。そんなさなかに秀衡は病死する。

秀衡は子の泰衡《やすひら》・国衡《くにひら》に義経を主君に立てて頼朝の攻撃に備えるよう言い残していたが、2人の子には頼朝の攻勢に対抗し得る度量も力もなく、対応を巡って家内は大きく揺れた。そのうち頼朝が奥州追討の宣旨を要請すると、泰衡は耐え切れずついに頼朝に応じてしまう。

文治5年(1189)閏4月30日、泰衡は500騎の兵を率いて義経の住む衣河館《ころもがわのたち》を襲撃した。武蔵坊弁慶、鈴木三郎・亀井六郎兄弟、鷲尾三郎らがわずか10数騎で防戦したがことごとく戦死、自害した。義経は一切戦うことなく館の持仏堂にこもり、法華経を読み終えた後、正妻の郷御前《さとごぜん》と4歳の娘を殺して自害する。享年31。この時義経が自害に用いたのが、あまたの戦場を共にしてきた愛刀・今剣だったといわれる。

『義経記《ぎけいき》』によれば、今剣は6寸5分(約19・7センチメートル)の短刀である。

作者は三条小鍛治宗近。祈願のために鞍馬山を訪れた宗近が奉納したもので、鞍馬寺別当の東光坊蓮忍が〝今の剣〟と名付け秘蔵していた。義経が鞍馬寺に預けられた時に与えられ、義経はそれから肌身離さず、源平合戦の戦場でも鎧の下に忍ばせていたという。元は大太刀だったともいわれるが、はっきりしたことはわからない。

今剣は義経の超人伝説とともにあり、主を最期まで見届けた守り刀である。

◆兵法を知り抜いていた義経

戦場での活躍ぶりは確かに超人的なのだが、義経は若くしてあらゆる兵法に通じていた。源平合戦の勝利は天才の閃きというよりも、「敵の裏をかく」といった戦術を取っており、それは兵法を知り抜いているからこその戦い方といえる。義経の兵法は鞍馬の天狗から学んだものだ。今剣といい、天狗といい、鞍馬寺には一体何があったのだろうか。

義経は源義朝の9男にあたり、母は側室の常盤御前。幼名を九郎、牛若丸と名付けられた。兄弟で嫡男の頼朝とは13歳差がある。世は平氏全盛の時代、平治の乱で義朝が暗殺され（1160年）、頼朝は捕らわれ、義経は母子ともに流浪の身となる。その後、母は平清盛に自首し、公家の一条長成に再嫁すると義経は7歳にして鞍馬寺に預けられた。

鞍馬寺は平安京北方の鎮守として古くから朝廷から尊崇されてきた。山号は鞍馬山。縁起によれば開基は鑑真の高弟鑑禎《がんてい》。霊夢と白馬の導きで鞍馬山に入った鑑禎は鬼女に襲われ、毘沙門天に助けられたという。そのため鞍馬山に毘沙門天を祀る草庵を結んだ。そこに平安京守護のため観世音が奉安された。本尊は「尊天」と称され、毘沙門天王、千手観世音菩薩、護法魔王尊の三身一体の本尊であるという。

稚児名を遮那《しゃな》王とし、末は僧になることを義務付けられていた義経だったが、『平治物語』には次のようなくだりがある。

「いかにもして平家をほろぼし、父の本望を達せむと思はれけるこそおそらしけれ。昼は終日に学問を事とし、夜は終夜武芸を稽古せられたり。僧正ヶ谷にて、天狗と夜々兵法をならふと云々。されば早足、飛び越え、人間のわざとは覚えず」

僧正ヶ谷は鞍馬山深くに現存し、今も義経を祀る義経堂や魔王殿がある。周囲を巨大な杉が天を衝き、根が長々と地を這う昼なお暗い場所である。ここで義経は天狗を相手にして武芸の鍛錬を積んだというのである。

◆義経に兵法を教えた天狗の正体

義経に兵法を教えた天狗の正体についてはさまざまな説がある。多くは荒法師や山伏というものだが、源氏の残党というものや父・義朝の遺臣が身元を隠すために天狗の面を被っていたという説もある。中には〃超常的な何か〃というのもあるのだが、ともあれ平家に不満を抱いていた勢力が源氏の〃御秘蔵〃に英才教育を施したというのが伝説としてはわかりやすい。

鞍馬山の修行で具体的に名前が出てくるのが鬼一法眼《きいちほうげん》なる兵法家である。京の一条堀川に住んだ陰陽師で、天文地理も究め、軍法、弓馬、剣術などあらゆるものに通じていた。唯一の弱点が一人娘で、義経はその娘と通じて伝家の兵法書『六韜《りくとう》』『三略』を盗み出して書き写したという。また義経は法眼から京八流剣術を学んだといわれる。京八流とは鞍馬山で8人の僧侶に伝授したところからその名があり、後に宮本武蔵と戦った吉岡憲法の吉岡流一門が伝承したという説がある。鞍馬八流、憲法流などとも呼ばれるが、はっきりしたことはわからない。霊山の鞍馬山発祥ゆえ、密教的性格の濃い兵法と考えられる。なお、憲法の名乗りは武芸を家訓とする家柄であることを示している。

義経は鞍馬山で昼夜学問と兵法の修行に明け暮れつつ、山を越えて貴船神社に詣で源氏再興を祈った。その鍛錬の間にはしばしば洛中にも姿を現し、剛の者を相手に武勇の腕を試したという。

承安4年（1174）3月、義経は鞍馬山を出奔し、奥州藤原氏の鎮守府将軍・藤原秀衡を頼って平泉に下った。彼は道中で元服し、遮那王ではなく、源九郎義経を名乗った。源氏再興の大望に燃える16歳の若き侍であった。

武蔵坊弁慶《むさしぼうべんけい》と岩融《いわとおし》

◆名が残る弁慶唯一の武器は刀だった？

武蔵坊弁慶は多くの武器を所持し自由自在に使いこなしたが、『義経記』で唯一その名が出てくるのは「岩透と云う刀」である。

文治元年（1185）11月、都を追われ、船で逃げ延びようとする義経一行に追手が迫った。『義経記』にはこうある。

「弁慶は黒革威《くろかわおどし》、海尊（常陸坊海尊《ひたちぼうかいそん》）は黒糸威《くろいとおどし》の鎧を著、常陸房はもとより屈強の梶取であったので小船に取り乗り、武蔵坊はわざと弓矢は持たずに四尺二寸ある柄装束の太刀佩いて、岩透と云う刀を差し、猪の目彫った鉞《まさかり》、薙鎌《なぎがま》、熊手などを船にからりひしりと取り入れ、身を放さず持ちける物は、櫟《いちい》の木で作った一丈二尺の棒に黒金を伏せ上から蛭巻《ひるまき》し、石突を付けたものを脇に挟んで、舳に飛び乗って…（以下略）」

河尻の戦いで弁慶が大立ち回りをする場面だが、ここに出てくる「岩透」は刀となっている。

岩融については室町時代の刀剣書『長享銘尽』に記載があり、三条小鍛冶宗近の作であるという。刀身は3尺5寸（約106センチメートル）とかなり長く、弁慶らしい豪壮な1振だったと思われる。

とはいえ、当の武蔵坊弁慶自身が謎に包まれた人物である。〝判官びいき〟の中で数々の物語が語られていくうち、その存在は聴衆が好意的に作り上げた理想の忠臣像のようにもみえ、数々の人間離れしたエピソードからはとても実在した人物とは思えない。その多くは創作であるとしても、『吾妻鏡《あづまかがみ》』にも弁慶の名が一部に記されていることから、実在した人物であることは確かなようだ。

◆弁慶と義経の運命の出会い

『義経記』によれば、熊野別当弁正《べんせい》が二位大納言の姫を奪い産ませたのが弁慶だった。母の胎内に18ヶ月、生まれた時にはすでに歯が生えそろい、筋骨たくましい男の子だったという。父は鬼子として殺そうとしたが、叔母に引き取られ「鬼若」と名付けられた。

叔母が病死し、母も病で亡くした鬼若は、喧嘩に明け暮れる日々を送っていた。見兼ねた父は鬼若を比叡山に修行に出した。ところが鬼若は素行の悪さがたたり比叡山を追い出されてしまう。鬼若は自ら剃髪して武蔵坊弁慶を名乗り、各地で乱暴狼藉を働くうちに、やがて弁慶は京で千本の太刀を奪うという悲願を立てた。そして千本目に出会ったのが牛若丸だった。

ある月夜、笛に吹き入りながら通り過ぎる稚児姿の小冠者《こかんじゃ》がひとり。五条大橋の欄干に腰かけて様子を窺う弁慶には目もくれない。白衣の被衣を目深にかぶり、腰には黄金作りの太刀を佩き、黒塗りの高下駄を高らかに鳴らして通り過ぎる。

「やあ大胆不敵な小童。最後の1本にふさわしい金の太刀は天の与えよ。置いていくなら命までは取らぬ」

弁慶は大長刀を大仰に構えて詰め寄った。若者は静かに笛を吹き収めて言う。

「さては噂の悪僧よ。いかなる心願ありとも野盗に等しき悪辣の所業、天に代わって誅を加えん。観念せよ」

思いがけない力強い返答にひるんだ弁慶だったが、間髪容れず長刀を振り回して斬りかかった。すると若者はひらりと身をかわし、鉄扇で弁慶の肩口を打ち据える。弁慶はすかさず態勢を立て直し、長刀を振り下ろし、横に払うと、若者はさながら蝶の舞うごとく、軽々と攻撃をよけてみせた。滅多やたらと長刀を振り回す弁慶の乱れる息をあざ笑うように、若者は弁慶に近寄ると坊主頭に鉄扇を打ち下ろした。たまらず弁慶が尻餅をつくと、若者はふわりと月夜に飛び上がり、足駄のまま欄干に立って鉄扇をゆっくりと押し開いた。

弁慶はその時、自らの運命を悟った。主従の契りとは多分に感覚的なものなのかもしれない。

◆義経ゆかりの神社と弁慶の長刀

多くの伝説を残した弁慶だけに、弁慶所用とされる長刀はいくつか存在する。瀬戸内海に浮かぶ大三島には、古くから水軍の護り神として崇められてきた大山祇《おおやまづみ》神社がある。数多の武将が戦勝を祈り、また勝利に感謝した聖なる社の島である。ここに弁慶が奉納したと伝わる長刀が残されている。

本州と四国を結ぶしまなみ海道に結ばれた芸予《げいよ》諸島。大三島はその中でもひときわ大きな島である。大三島は大山祇神社を抱く「神の島」、すなわち「御島」でもある。大山祇神社は伊予国の旧族越智氏から出た国主・河野氏が祭祀した伊予最古の神社であり、後に伊予一の宮となった。戦いの神として尊崇されてきたが、とりわけ海の守護神として、海に生きる人々の信仰を集めてきた。

源平合戦の時代、瀬戸内周辺の勢力はほとんど平氏側に付いていたが、平氏の知行国だった伊予国で唯一源氏側に付いたのが河野《こうの》氏である。なぜ河野氏が平氏に反旗を翻したのか、はっきりしたことはわからないが、多勢に無勢の中で河野氏当主・河野通信《こうのみちのぶ》は孤軍奮闘、必死のゲリラ戦で抵抗を続けた。

源氏の勢力が西国に及んでくると通信もようやく攻勢に転じ、文治元年（1185）、屋島の義経のもとに一族の水軍を率いて参戦している。『平家物語』には「伊予国の住人　河野四郎通信も百五十艘の大船に乗り連れて漕ぎ来り、これも同じように源氏の方へ附きければ、平家いとど興ざめてぞ思はれける」とあり、陸上の騎馬戦ならばいざ知らず、不安を抱えた海上戦を前に源氏軍の士気を大いに上げた。

平氏が壇ノ浦で滅亡すると、通信は大山祇神社に戦勝を感謝して大鎧を奉納している。この鎧は「紺絲威鎧《こんいとおどしよろい》」。豪壮にして雄大な大鎧で今も国宝として現存する。義経が奉納した「赤絲威鎧」は通称〝八艘《はっそう》跳びの鎧〟と呼ばれ、こちらも国宝として宝物殿に鎮座する。これらの宝物の中に弁慶が奉納したという長刀もあるのだ。

伝承どおり巨大な刀身の豪壮な長刀で重要文化財となっている。来歴についてはよくわからないことは多いのだが、その存在感は折り紙付きで、弁慶が振りかざすさまが目に浮かぶような1振である。

大三島が別名「国宝の島」と呼ばれているように、大山祇神社には膨大な数の文化財が収められている。国宝8件、重要文化財469件、とりわけ甲冑の所蔵は全国一で、平安時代から鎌倉期、戦国時代まで、各時代の名品が伝来する。源氏、平氏をはじめ、北条、足利氏、さらには大内氏、毛利氏など多くの武将が武具を奉納して武運長久を祈り、近代においては、帝国海軍をはじめとして、政治・軍事関係者が参拝し、現在も海上自衛隊・海上保安庁関係者が訪れる海の守り神であり続けている。

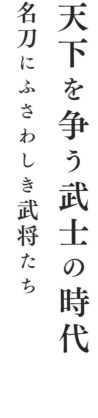

天下を争う武士の時代

名刀にふさわしき武将たち

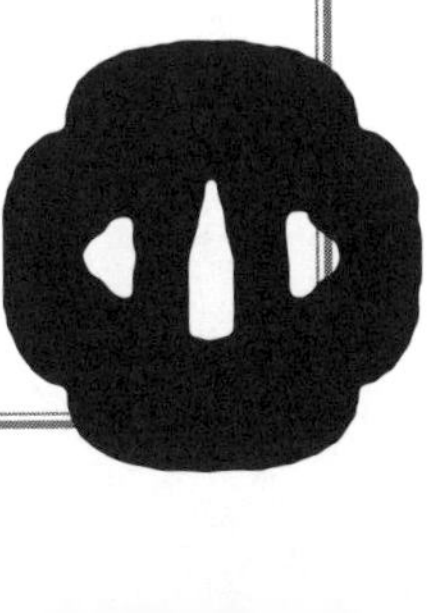

加賀前田家と平野藤四郎《ひらのとうしろう》・前田藤四郎《まえだとうしろう》

◆加賀百万石の祖は「尾張の大うつけ」だった！

加賀百万石と称される大藩・加賀前田家。能や茶などの教養に秀で、九谷焼や加賀友禅などの華やかな美術工芸で知られるが、一見京風を思わせる華美な装いや文化はあくまでも武家の嗜みとして花開いたものだ。藩祖は〝槍の又左〟こと前田利家。織田信長に勝るとも劣らない傾奇者で知られた武人であった。

前田家にはのちに2振の藤四郎が伝わった。その遍歴を語る前に、まず藩祖・利家という人物について触れておきたい。その刀の運命に、利家の存在は大きな影響を与えているように思われるからだ。

利家の生まれた尾張前田家は、父・利春（利昌とも）からして出自がはっきりせず、戦国期に各地で台頭した土豪のひとつと考えられている。利春は尾張の実力者・織田氏に仕えて力を蓄え尾張荒子城主となった。利家は利春四男として生まれた。幼名・犬千代。幼い頃から期待されていたようで、「容貌端麗、幼にして穎悟聡敏《えいごそうびん》」（『前田創業記』）とある。

土豪ではあったが尾張前田家は織田家の信厚く、天文20年（1551）正月、利家は那古野《なごや》城に赴き、はじめて信長にまみえた。「尾張の大うつけ」と称された変わり者・信長はこの時18歳、利家は15歳である。利家は信長の激烈な生き様とそのカリスマ性にすっかり魅せられ、信長もまた利家を気に入り、「お犬」と呼んで目をかけた。利家も信長同様の傾奇者として知られ、若いころは短気で喧嘩好き、槍を手に町を練り歩き、遠くから槍が見えただけで人々は〝又左衛門の槍〟と震え上がったといわれる。元来が似た者同士だったのか、信長の影響が大きかったのかはわからない。ただ、2人が強い信頼関係で結ばれていたのは間違いない。

織田家を信長が継ぐと一族同士の争いが勃発、信長はまず同族争いに勝たなければならなかった。身内も信用できない中で信長は、絶対的な信頼が置ける自分だけの直属の軍隊を作りはじめる。信長の率いた家臣団で、特に天下統一の前半戦で目覚しい活躍をみせたのは、小姓や馬廻など、信長の意のままに動く優秀な〝親衛隊〟だった。

元亀年間（1570～1573）、『甫庵信長記《ほあんのぶながき》』に記された馬廻のうち、真っ先に名前が挙がるのが信長の精鋭部隊である赤母衣衆《あかほろしゅう》筆頭・前田利家である。

◆記録にのこる利家と信長の仲

加賀藩に伝わる談話集『亜相公御夜話《あしょうこうおんやわ》』には信長と利家の関係が次のように記されている。

「利家様十四の御年信長公に御出候て、即其年八月後具足召初、御高名被成候由御意に御座候。十五に被爲成候より、信長公御秘蔵にて、一時も御はなれなく御奉公被成候よしの事。」

亜相とは大納言の唐名で、亜相公は利家を指す。この文献は利家が前田家を継いでからの重臣筆頭・村井長頼の子で、小姓として利家に仕えた村井長明が記したもの。いってみれば利家晩年の語り下ろしである。利家が言うには、15歳になる頃は信長の〝御秘蔵〟だったのだという――――。

2人の特別な関係は、同書にある別の記述からも明らかだ。やや長いので要約する。

利家が鶴の吸物を苦手なのには理由があった。かつて信長が安土城で豪華な饗応を開いた際、鶴の吸物が振る舞われたが、その時に信長が末席の利家に向かって昔話をした。信長は利家の髭を引っ張りながらこう言った。

「若い頃は俺が側に寝かせてやったものだ。こやつはまことに〝御秘蔵〟でな」

そして信長は織田家の家督争いとなった稲生合戦（1556年）の話をし始める。利家はこの戦いで首級を上げ、信長はその首級を馬上に掲げ、「お犬は若造だが、この働きを見よ」と兵を鼓舞した。信長は往時の利家の活躍を例に取り、家臣らに常日頃の働きを感謝したのだ。すると皆口々に「又左殿（利家）にあやかりたいものだ」と褒めそやし、列を成して利家に給仕した。利家はうれしくなって食べ過ぎてしまい、それから鶴の吸物で体の調子を崩すようになった。このことで利家は信長、秀吉からも、たびたびからかわれた。

利家にとって、信長の〝御秘蔵〟であったことは何よりも誇らしいことだった。死線を共にした2人の関係性がしのばれる、人間味のあるエピソードではないだろうか。

◆離れてなお通じる利家×信長

利家は21歳の時に信長の勘気に触れ出仕停止を言い渡されている。

利家の刀の笄《こうがい》を盗んだ拾阿弥なる同朋衆を成敗しようと、利家は信長に許可を求めた。言わずもがな、刀は武士の命である。しかし信長は許可しなかった。拾阿弥は信長の庇護をいいことに横柄な態度を少しも改めず、ついに利家は信長の許可なくして、信長の目の前で拾阿弥を斬り殺してしまう。怒り心頭の信長は利家を死罪にしようとしたが、重臣の柴田勝家、森可成《よしなり》の取り成しにより、利家は死を免れ追放となる。

桶狭間の戦場に、利家は現れた。武功を挙げ再び信長に認めてもらおうと考えたのだ。『信長公記』には「朝合戦で首1つ、追撃戦で首2つ取ったが許されなかった」と記されている。

この時、利家が傷を負っているのを見た近習が信長に、「討ち死に覚悟のように見えます」と伝えたところ、信長は狼狽し急いで引き留めるよう指示したといわれる。圧倒的不利な合戦に馳せ参じた利家を気にかけながら、利家の必死の奮戦を認めつつも、信長は利家の帰参を認めなかった。利家が赦免されたのはその翌年の5月だった。

美濃斎藤軍と戦った森部合戦（1561年）で首2つを持ち帰った利家に信長は、

「手柄であった」

と言葉をかけ、帰参を許したという。

利家が赤母衣衆筆頭に抜擢されるのは、それからすぐのことである。

◈戦国でも類のない律義者の武士

利家の律義者の顔は秀吉との関係にも表れている。織田家重臣同士が信長亡き後の正統を争った賤ケ岳の戦い（1583年）で利家は家中の義理から柴田勝家に従って出陣したが、親友であった秀吉との戦いを避けて戦線を離脱、独断で居城だった越前府中城に帰ってしまった。

その後、敗走途中の勝家は直々に府中城に利家を訪ね、盟約を破棄し秀吉側に付くよう言い残し、立ち去っている。さらに次いで秀吉も府中城を訪れ、降伏の意思を示した利家に対して秀吉は水に流し、改めて秀吉軍との盟約を交わしたといわれる。敵味方の大将が相次いで顔を見せるということは通常考えられないが、それが違和感なく行われたというのも、利家の律義者の顔があったからこそだろう。こうして利家は戦後旧領の能登1国に加えて加賀2郡、さらに越中3郡が与えられ、加越能3国にまたがる加賀百万石の原形が出来上がった。

利家は豊臣政権の重鎮となり五大老筆頭かつ秀頼の傅役《もりやく》を務めることになるが、これもまた律義者を見込まれてのことにほかならない。弟秀長が病死し、関白秀次の粛清などで秀吉を除く豊臣一族には人材が払底しており、不安定な政権を維持するために導入された五大老というシステムだったが、秀吉が利家に事後を託したのは利家が「おさなともだち」であり「りちぎ」であるからと説明している。秀吉にとって利家は、いつまでも信用の置ける友であった。しかし利家はこの時62歳。大役を任されたところで、自らも余命はいくばくもなかった。

◆前田家嫡男利長の苦悩

利家には6男があり、このうち家督を継いだのが嫡男の利長である。利長は幼名犬千代、通称を孫四郎といった。利家とともに信長に仕え、天正9年（1581）、19歳にして越前府中

3万3千石の城将となった。翌天正10年6月の本能寺の変では偶然招かれて安土城にあり、京へ向かう途中に変事を知り脱出、伊勢の信雄軍に合流したといわれる。賤ヶ岳の戦いにも利家と共に従軍していたが、利家と共に帰城。秀吉軍の先鋒として勝家の籠もる越前北ノ庄城攻めに向かった利家は当初利長を置いていこうとしたが、正妻のまつ（芳春院）のたっての頼みで従軍させた。

秀吉に臣従したのちは加賀松任《まっとう》4万石を領し、九州平定、小田原征伐などに功を挙げたといわれるが、すでに戦場の様相は父・利家の時代とは異なり、槍働きで名を上げる機会はほとんど与えられなかった。戦いは次第に大規模な戦力同士がぶつかり合う広大な戦場となり、一軍の将が組討ちすることは基本的には許されなかった。もちろん例外はあるにせよ、利長は〝槍の又左〟の異名を取った利家のような豪勇の士ではなかった。実際、利家は晩年には温厚な性格で知られたが「若い時はかふく者がよい」とよく言っていたという。しかし、最後の最後まで秀吉に自ら付き従った利家は、利長にとってあまりにも偉大すぎる父親であった。

難局は偉大な父・利家の死とともに訪れた。それは前田家にとっても、また利長にとっても最大の危機であった。

◆利家の遺言と息子たちの思い

粟田口藤四郎吉光は短刀作りの名手として知られる。通称は藤四郎、名物は所持者の名が冠されることが多いが、平野藤四郎は摂津の商人・平野道雪から豊臣家家臣・木村重茲《しげこれ》が入手し、秀吉に献じたことからこの名がある。秀吉は利家の後を継ぐ実力者として利長を認め、この刀を与えた。その後、刀は天下の趨勢に従って何度か持ち主を変えるが、長きにわたって前田家に伝来した。そのことはつまり、前田家は幾多の難局を乗り切ったことを示している。

慶長4年(1599)3月、病床にあった利家は大坂の自邸で死去する。五大老には利長が就いたが、すでに徳川家康の専横を止められる人間はおらず、利長ではとても代役は務まらなかった。むしろ家康は、豊臣重臣を一気に叩き潰すチャンスを窺っており、利長は期せずしてちょうど反家康の急先鋒的立場に立たされたのである。

家康の動きを最後まで警戒していた利家は、利長に「3年は大坂を離れるな」と遺言していた。百戦錬磨の家康がどう出てくるかわからないが、とにかく警戒を解かないように伝えていたのである。ところが利長は、その遺言に従わず、家康の勧めを真に受けて金沢に帰国してしまう。「利長に異心あり」。ほどなくして京は不穏な噂で持ち切りとなり、家康は利長の後を追うように加賀征伐を献言する。利長は抗戦を主張したといわれるが、母の芳春院がなだめ、芳春院が人質となることで前田家存亡の危機は回避された。

この利長の決定を非難したのが、もうひとりの孫四郎こと利家次男・利政である。

利政は利長の16歳年下で、幼名を又若丸、兄の利長から孫四郎の名を譲られた。父利家の台頭とともに出世し、文禄2年（1593）には弱冠19歳にして父の居城だった能登七尾城21万石の城主となり、能登侍従と称せられ、豊臣姓を送られている。慶長4年には大坂城の詰番衆となり、兄・利長が父を補佐するかたわら、弟として父に従い遺児秀頼の護衛を務めたのである。この2人の力があれば、事後は託せると利家は考えただろうか。

一説に利政は、家康の暗殺を企てたといわれる。その機会は、病床の利家を見舞うため家康が利家邸を訪れた時であったという。すでに家康は秀吉の法度を破って各大名との婚姻政策を進めており、両陣営ともに一触即発の状態にあった。利家は家康の意図を見抜いており、家康の来訪に抜き身の太刀を布団の下に忍ばせていたという。しかし〝その一瞬〟は最後まで訪れず、家康は何事もなかったかのように利家邸を去っていった。

死の間際にありながら家康を討つという利家の覚悟は利長には伝わらなかった。それどころか母を人質に出してまで家康に臣従した兄を利政はおそらく許すことができなかったのだろう。兄弟の人生はそれから大きく乖離していくことになる。

◆天下分け目の関ヶ原と、利長・利政の選択

慶長5年（1600）、関ヶ原の戦いが起きると、利長・利政は東軍として金沢を出陣、山口宗永《むねなが》の籠もる大聖寺城を攻め落としたが、利政は途中で帰城した後出陣しようとしなかった。妻の籍姫（蒲生氏郷の娘）が三成の人質だったため、または敦賀城主大谷吉継の調略があったともいわれるが、いずれにしても利政は最後まで頑なに出陣を拒み、そのため戦後、能登21万石は没収、その所領は利長に与えられた。

利政がなぜ動かなかったのか、はっきりしたことはわかっていない。関ヶ原の戦いでは家名を存続させるために家中を東西の両陣営に分裂させることは各大名家にみられるが、利政の行動については利長が江戸の芳春院に相談する書状を送っているため、申し合わせた策ではないと考えられる。

改易された利政は、徳川の世には全く興味がないというように京の嵯峨野に隠棲し、本阿弥光悦や角倉《すみのくら》素庵《そあん》らと交友し世捨て人のように暮らしたという。利家に最も性格の似た利政を芳春院は何度も大名復帰させようとしたが、利政は頑として応じようとしなかった。

慶長19年（1614）の大坂の陣では、徳川・豊臣の両陣営から誘いを受けたが、どちら側にも付かず中立を決め込んだという。

◆反目する兄弟が受け継いだ2振の藤四郎

その後、加賀前田藩を継いだのは利家4男の利常である。幼名は猿千代。側室寿福院を母とし、利家55歳の時の子である。利家はこの利常に最も期待をかけていたといわれ、6歳の利常に鮫柄熨斗《のし》付の太刀と脇差を授けている。利常はその期待通り名君主に成長し、外様となった大領を、幕府の強い警戒に晒されながらも巧みな政治力で守り切った。

利政の子・直之は叔父にあたる利常に仕え、前田土佐守家を興している。

加賀前田家に伝わるもう1振の藤四郎・前田藤四郎は利政が所持したものだ。それ以前の来歴はよくわかっていないが、前田藤四郎は直之が利常に献上し、再び加賀前田家の至宝となった。

上杉謙信《うえすぎけんしん》と五虎退《ごこたい》

◆大義を重んじた謙信と京への上洛

〝越後の龍〟と称された上杉謙信が上洛したのは二度。一度目は天文22年（1553）、従五位下弾正少弼に叙任されたことの御礼として上洛し、後奈良天皇、および室町幕府第13代将軍・足利義輝に拝謁。後奈良天皇から天盃と瓜実《うりざね》の御剣を下賜され、敵を討伐せよとの勅命を受けている。

このころ謙信は武田信玄との直接対決を間近に控えており、この上洛は信玄と戦うための正当性を得る目的があったと考えられる。不正な侵略行為を働く敵に対して、正義の鉄槌を加えるという大義名分を得てこそ心置きなく戦えるというもの。つまり「義は我にあり」ということである。

二度目の上洛は永禄2年（1559）。関東管領上杉憲政家臣として、50人前後という小勢でひそかに上陸した前回とは異なり、5千の兵を伴っての堂々たる上洛である。このころ、将軍義輝は盛んに幕府の権力強化を図っており、この上洛も義輝の要請を受けてのものだった。武田信玄との戦いや関東への進出を図っている最中、決して国を空ける余裕はないにもかかわらず、謙信は自らの権力を誇示するように大軍を率いて京に上った。この時、正親町天皇から賜ったのが御剣・五虎退である。

五虎退は粟田口藤四郎吉光作の短刀で、足利義満の命を受けて明に渡った役人がこの短刀で5匹の虎を追い払った故事からその名がある。五虎退はその後も上杉家に伝わり、「上杉家御手選三十五腰」のひとつに数えられている。

上洛した謙信は義輝に太刀1腰、馬1疋代黄金30枚（300両）を献上し、将軍家への忠節を誓った。謙信はこの時30歳、義輝は24歳。この上洛に際して、謙信と昵懇の仲であった時の関白・近衛前嗣《このえさきつぐ》が仲介する形で、何度も酒宴が催されたという。3人とも血気盛んで意気投合したらしく大酒を浴びるように飲んだため、前嗣が二日酔いのため百万遍《ひゃくまんべん》知恩寺《ちおんじ》へ出勤できなかったことを詫びる書状が残されている。謙信は酒豪として知られるが、いくら酔っても乱れることがなかったという。

謙信は義輝に命じられるまま上洛したわけではない。その目的の最たるものは「上杉の七免許」にあった。

謙信は義輝より、白傘袋《しろかさぶくろ》、毛氈鞍覆《もうせんくらおおい》、裏書《うらがき》御免《ごめん》、塗輿《ぬりごし》御免、菊桐《きくきり》の紋章、朱塗柄の傘、屋形号の使用を許されている。そして関東管領上杉憲政の進退を任せる御内書を授けられ、さらに信濃国の諸将を説き伏せるべしという信濃出兵の名分を賜った。これで事実上、関東管領職は謙信のものとなった。通常関東管領を任官できるのは足利将軍家をおいて他になく、当の上杉憲政が謙信を養子に迎え、家督を譲ったとしても、世襲によって引き継がれるものではなかった。関東統治のために室町幕府が任命した関東管領。謙信はこれにより、関東出陣の大義を得たのである。義輝は帰途にあった謙信を近江坂本に迎え、鉄砲と火薬調合の秘伝書を贈っている。国を危険に晒してでも、謙信にとってこの上洛は有意義なものだったと考えられる。

◆龍虎いずれにも縁深き謙信

謙信は永禄4年（1561）閏3月、鎌倉・鶴岡八幡宮で山内上杉家の家督と関東管領職を相続、名をそれまでの長尾景虎から上杉政虎と改めた。こうして謙信は粉骨砕身、激しい戦いの中に身を投じる決意を新たにした。

ところで謙信は幼名を虎千代、その後も景虎《かげとら》、政虎《まさとら》、輝虎《てるとら》と名乗ったように「虎」にゆかりのある武将である。虎はその勇猛さから並み居る戦国武将たちに好まれた動物で、謙信は〝越後の虎〟と称され、その勇名は周辺大名を震え上がらせた。もっとも、虎と称されたのはライバル信玄も同様で、相模の北条氏康もまた同じく虎と畏怖された。信濃と関東にそれぞれ〝甲斐の虎〟〝相模の虎〟が棲んでいたとなれば、時の帝から謙信に御剣・五虎退が与えられたというのも納得がいく。

一方で謙信は〝越後の龍〟とも称された。古来、実力が拮抗する者同士は龍虎になぞらえられる。その慣例に従えば、謙信と信玄はどちらも龍虎になり得るが、謙信の場合、実際に「龍」の一字をかざした軍旗を用いていたことで知られる。この旗は「懸かり乱れ龍」と称され、上杉家においては「突撃」（全軍総懸り）を命じる際に用いられたという。この「龍」の軍旗は不動明王の加護を表したものだ。

上杉家の軍旗といえば「毘」が知られている。謙信は類まれな戦術家でありながら信仰心に厚いことで知られ、自身を毘沙門天の化身と称した。軍旗の「毘」は毘沙門天を現している。

毘沙門天は多聞天とも呼ばれる、四天王の一尊に数えられる武神であり、北方の守護神ということもあって、武士階級では深く信仰されていた。一方、不動明王は悪魔を降伏させ煩悩を断ち切るとされるが、その手には仏敵をことごとく薙ぎ払う倶利伽羅《くりから》剣が握られている。龍の力を秘めた智恵の利剣・倶利伽羅剣。それは邪悪を断ち切る正義の刃であり、その霊力を謙信は「懸かり乱れ龍」の旗に込めたのである。

龍にして虎、虎にして龍――。

越後守護代・長尾氏から、内紛で混乱の続く名門上杉家の将来を託され、22歳にして越後統一を果たした謙信は、大義名分がなければ出陣しないわりに、文字どおり「義」に厚く、周辺国の武将に泣きつかれれば軍を挙げ、そうして堅実に版図を広げていった。

信玄が常々謙信を「日本無双之名大将」と称し、継嗣の勝頼に「何かあれば謙信を頼れ」と言い置いていたように、また北条氏康をして「表裏常なく、骨になっても義理を通す人物」と評されたように、謙信は宿敵ですら認める義将であった。それゆえ、真偽のほどはともかくとして、「敵に塩を送る」という逸話がまことしやかに伝えられたのである。

真柄直隆《まがらなおたか》・直基《なおもと》と太郎太刀《たろうだち》・次郎太刀《じろうだち》

◆今に伝わる鬼真柄最期の雄姿

福井県歴史博物館が所蔵する『姉川合戦図屏風』は天保8年（1837）、林義親《はやしよしちか》なる絵師によって描かれた戦国合戦図屏風の傑作として知られる。江戸後期の作であり、細やかな筆致だが描写は荒々しい。血を流して突っ伏している兵士や首を取った直後の勝者が描かれ、足元には切断された手足や首が転がっているなど、凄惨な表現が多用されている。2扇と3扇にかけて、黒鹿毛の馬の背にまたがり身長の2倍はあろうかという巨大な刀を振りかざした武将が描かれている。名は「真柄十郎左衛門尉直隆」とある。

直隆の大刀には血が付いており、馬の足下には骸が数体転がっている。しかし従者は徒歩武者2人のみ。しかもそのうちひとりは幟《のぼり》持ちである。対して敵勢は正面に2人。白馬の武者は「匂坂式部《さぎさかしきぶ》」とある。さらに「梶金平《かじきんぺい》」が馬上から槍を刺し掛け、背後から「匂坂五郎次郎」「匂坂六郎五郎」が加勢する。その後ろには鍾馗《しょうき》の幟旗を従えて一際大きな大身槍・蜻蛉切を構える鹿角兜の武将がいる。「本多平八郎忠勝」である。

直隆の獅子奮迅の戦いを描いているが、絵からもわかる通り、大勢はすでに決している。この図屏風は、それを知りながら剛刀をかざし華々しく散った直隆最期の雄姿を描いている。

同じ図屏風の4扇上部には、直隆を追うように刀傷を負った白馬を駆って、同じような剛刀を手に敵を蹴散らす武将がいる。名は「真柄十郎三郎直基」（屏風では直元になっている）。兜はかぶらず、厳めしい形相はさながら鬼のようである。逃げる敵兵の慌てぶりも迫力十分。やはりこの大刀も血を吸っており、直基は鎧の袖をなびかせて敵兵をなぎ倒しながら突進している。直基は直隆の子である。直基もこの戦いで父の後を追い命を落とした。

真柄氏についてはあまりに史料が少ない。平清盛の異母弟で壇ノ浦の戦いを生き延びた平頼盛の末裔という伝承もあるが、史料に表れるのは越前真柄荘の土豪の出で、直隆が朝倉氏11代当主・義景に客将として迎えられたということだけである。朝倉氏の直接の家臣ではなく被官という立場だったようだが、5尺3寸（約160センチメートル）もの〝太郎太刀〟を軽々と振り回したという直隆の並外れた膂力《りょりょく》は朝倉家中どころか、あらゆる戦場で〝鬼〟を想起させたことだろう。

◈裏切りから始まった、姉川の戦い

天下布武を推し進める織田信長は、北近江の浅井氏3代目当主となった長政にお市の方を嫁がせ同盟を結んだ。美濃斎藤氏を牽制するためである。しかし問題は浅井氏と関係の深い朝倉氏を信長が嫌悪していたことだった。

元亀元年（1570）4月、越前一乗谷の朝倉義景攻めに向かっていた信長に対し、長政は突然裏切り、朝倉軍と謀って敦賀金ヶ崎の信長軍を挟撃した。信長はほうほうの体で逃れるが、この戦いは後に「金ヶ崎退き口」と称され、『信長公記』に「一に憂きこと金ヶ崎」と記されるほどの屈辱の一戦となった。

信長を討ち果たす絶好の機会を逃した長政に対し、信長最大の反逆者として矛先が向けられた。こうして起きたのが姉川の戦いである。

同年6月、信長は長政追討の軍を挙げる。長政が居城とする小谷城は巨大な山城を利用した天然の要害であり、信長は一旦は支城を落として小谷城の目前まで進軍するが攻めあぐねてしまう。そのため一旦南下し、浅井氏の南近江侵略の拠点となっている横山城を第一目標に設定した。

24日、朝倉景健《かげたけ》を大将とする朝倉軍が到着すると、長政は満を持して小谷城を出立。27日、浅井・朝倉連合軍と信長軍は姉川を挟んで睨み合った。浅井軍8千の眼前には信長軍2万、朝倉軍6千の正面には家康軍5千。総勢4万近い兵が一斉に激突したのである。

午前6時、朝倉軍の先手、続いて浅井軍の先手が姉川を渡河し始めた。朝倉軍の先手は酒井忠次、本多忠勝両隊が迎え撃ったが、磯野員昌《いそのかずまさ》を先鋒とする浅井軍は織田軍の隊列を次々と突き崩し信長本隊に肉迫、信長軍は防戦一方となる。しかし、先行した榊原康政、丹羽長秀隊に挟撃された朝倉軍は腰砕けとなり、信長の援軍として稲葉良通ら西美濃三人衆が現れたため浅井・朝倉軍は潰走、激しい追撃によって多数の死者を出したという。

まさに死闘だったことは今も残る「血原」「血川」という地名からも窺い知れる。双方の記録は大きく違うが、それでも死者は少なくとも1400余（多いもので9000余）。後に信長が足利義昭に宛てた文書には「野も田畑も死骸ばかりに候」とある。

◆真柄太刀最期の戦い

『信長公記』には「真柄直元（基）、この首は青木一重《かずしげ》が討ち取った」としか書かれていない。小瀬甫庵の『信長記』によれば〝鬼真柄〟の最期はこのようなものだった。

敗走を開始した朝倉勢を見やり、直隆は馬上で叫んだ。

「俺は世に名高い鬼真柄だ。三州（三河）の勇士ら我が手並みをとくと見よ」

単騎で徳川軍に突入した直隆が太郎太刀を振り回すと四方は田を耕したようになり、一振りで徳川勢数十人が倒れたという。火の玉のような直隆に挑んだのが匂坂3兄弟だった。頭上からの強烈な一撃により長兄の式部は槍を打ち落とし、余る力で兜の吹返しを打ち破られた。匂坂五郎次郎は一刀両断にされたが、匂坂六郎五郎が鎌槍で直隆を引き倒した。防戦一方となった直隆は力尽きる寸前「我頸を大将に見せよ」と言い残し、式部に奪われた愛刀の太郎太刀で首を取られたという。

父の死を知った直基は敵中に引き返し、4尺3寸（約130センチメートル）の剛刀を振るって徳川勢を跳ね飛ばしたが多勢に無勢、最期は青木一重に突き伏せられ討死した。

一説には直隆の弟・直澄も同じく巨大な刀で戦ったという史料もあるが、その最期ははっきりしない。

◆今に伝わる真柄の太郎太刀・次郎太刀

熱田神宮（名古屋市）には姉川の戦場で猛威を振るった「真柄太刀」が2振現存する。常設展示されている「太郎太刀」は、天正4年（1576）に奉納されたといわれ、刃渡り221・5センチメートルで重さ4・5キログラム。姉川の戦い直後に奉納されたといわれる「次郎太刀」は約166・7センチメートルで、こちらには南北朝時代の名刀匠千代鶴國安《ちよづるくにやす》の銘がある。どちらも記録よりも大きいが、直隆は身長2メートルを優に超える巨漢であったといわれ、音に聞こえた伝説の〝鬼真柄〟であれば片手一本で振り回すことなど造作もないだろう。そんな芸当を見せられただけで、戦う意欲など吹き飛んでしまうのは間違いない。

越前国にほど近い白山比咩《しらやまひめ》神社（石川県白山市）にも刃渡り186・5センチメートルの巨大な太刀が残る。こちらには小さく「行光」の二字銘がある。

なお、直基を討った青木一重の刀「青木兼元」も通称〝真柄切〟として現存している。美濃国の刀匠孫六兼元の手によるもので、一時仕えていた丹羽家に伝来したという。

本多忠勝《ほんだただかつ》と蜻蛉切《とんぼきり》

◆切れ味鋭い徳川四天王の愛槍

天下三名槍のひとつ・蜻蛉切。陣中に立ててあった槍に触れたトンボが音もなく真っ二つになったということからその名がある。刃長1尺4寸（約44センチメートル）、茎《なかご》1尺8寸（約56センチメートル）。刃身には樋《ひ》があり三鈷剣と梵字が彫刻されている。三鈷剣は下部に添えられた梵字とともに不動明王を表し、上部に大きく刻まれた3つの梵字はそれぞれ地蔵菩薩、阿弥陀如来、観音菩薩を表す。敵を討ち、救い、弔い、自らの道をも開く、そんな祈りが込められた槍は三河文殊派、藤原正真の作。徳川四天王の猛将・本多忠勝の愛槍である。

かつてこの槍は柄の長さ2丈余（6メートル）の大槍だった。忠勝は晩年に「武器は自分の力に合ったものを使うべきなのだ」と言い、柄を3尺あまり切り詰めたという。美しい青貝の螺鈿細工が施された柄だったといわれるが残念ながら現存していない。

◆三河武士の鑑、本多忠勝

本多氏は松平宗家2代泰親に仕えた三河譜代の重臣である。中でも忠勝の軍は〝旗本先手役〟と呼ばれる家康の親衛隊であり、同じく徳川四天王の井伊直政率いる先鋒〝井伊の赤備え〟と並ぶ徳川軍の精鋭部隊であった。本多一門の中でも忠勝の本多家は代々平八郎を号し、祖父忠豊は天文14年（1545）、三河安祥城奪還戦で織田信秀に敗れた家康の父・広忠を逃すため「願わくば君にかはりてたてまつらん」と殿軍《しんがり》を願い出て討死した。忠勝の父・忠高は主君広忠が病死（暗殺説もある）したのち、今川義元の援軍を得て再び三河安祥城を攻めるが戦死してしまう。

祖父、父を立て続けに戦場で失い、叔父・忠真《ただざね》（三方ヶ原の戦いで殿を務め討死）に育てられた忠勝は永禄3年（1560）、13歳にして桶狭間の戦いの前哨戦となる家康の大高城兵糧入れに参戦している。若年でありながら実戦に加わりたがり、家康を手こずらせたという。

翌永禄4年3月、家康が信長と和睦するために尾張清洲城に赴いた際、織田家の家中をたじろがせたのが、家康の露払いとして大長刀をかざして入城してきた少年忠勝の姿であった。忠勝は大音声《だいおんじょう》で一喝した。

「三河の家康、織田殿と同盟のために参上。汝ら何とてかくも立ち騒ぐか。無礼である、控えおろう」

初めて首級を挙げたのは15歳で、隊を率いていた忠真が敵を打ち据え「今こそ首を取るべし」と忠勝を招き入れた。しかし忠勝は、「我なんぞ人の力を借りて武功を立てんや」と敵陣に駆け入り、自らの手で初首を取って戻ったという。

永禄9年（1566）、忠勝は18歳にして騎馬の士50余人の軍団長となった。これは家康が組織した最初の直轄軍団で〝旗本先手役〟という。常に戦場で先陣を切る精鋭部隊であった。

三方ヶ原の戦いの前哨戦となった一言坂の戦い（1572年）では、先行していた家康隊が密かに進軍してきた武田軍本隊と遭遇、圧倒的な戦力差の中で厳しい撤退戦を強いられる。ここでやはり殿を務めたのが忠勝であった。

「黒糸の鎧に鹿角打たる兜を着、蜻蛉切といふ槍を馬手の脇に抱え込みて二反ばかりに押し寄せたり」（『名将言行録』）

武田旧臣の記録によれば、初鹿野伝右衛門という武将いわく、蜻蛉切の石突の根元を片手一本で振り回して睨み付けた忠勝の形相はまるで鬼神のようだったので、身震いがして動けなくなってしまったという。

この戦いで忠勝は武勇で知られる徳川家臣・大久保忠佐《ただすけ》とともに武田軍の猛追を防ぎ、撤退戦を見事成功させて悠々と浜松城に帰還した。その勇猛果敢な戦いぶりは敵方武将からも絶賛され、「家康に過ぎたるものが二つあり　唐の頭《かしら》に本多平八」という落首が出回ったという。

唐の頭とは珍重されていたヤクの毛を装飾に用いた兜のことで、当時の家康には実力に見合わないものと思われていた。忠勝も同様、三河の田舎大名家には似つかわしくないほどの猛将だった。忠勝の武功話は枚挙に暇がなく、信長からは「忠勝は花実兼備の武士」、秀吉からは「日本第一、古今独歩の勇士」と激賞されている。

その後、各大名家の忠臣を引き抜くことが趣味のような秀吉に目を付けられ、源義経忠臣の武将・佐藤忠信の兜を直々に下賜された忠勝は、秀吉からの難題に窮した。秀吉は家康の恩と自分の恩はどちらが深いか、と問うたのである。

忠勝は頭を地につけて押し黙った。なおも秀吉が返答を迫ると、忠勝は涙を流してこう言った。

「殿下の御恩は海よりも深いといえども家康は譜代の主君にて同じように比べられませぬ」

嘘の付けない三河武士の典型である。秀吉は実直な忠勝に感心したという。

◆武勇に秀でた徳川の忠臣

忠勝は生涯槍一筋の武辺者のように思われがちだが、決してそんなことはない。ある日、息子忠政と忠朝の槍の稽古を見た忠勝は大変怒り、次のような説教をしたという。

「私も若いころは小身だったから槍働きが一番だと考えてきた。今は大身になり人数を扱う采配の取り様や陣備えを扱うばかりだ。槍の稽古を止めろとは言わないが、跡を継ぐつもりならば大将として学ぶべきことを第一とせよ」（『名将言行録』）

生涯戦に赴くこと50余り、武功優れて多しといえども、一度も傷を負うことはなかったという。慶長15年（1610）10月18日、忠勝は桑名城で死去する。遺書には次のような文言が記されていた。

「侍は首取らずとも、事の難に臨みて退かず、主君と枕を並べて討死を遂げ忠節を守るを指して侍という。武芸文学をするにも忠義を心掛け天下の難を救わんと志すべきなり」

福島正則《ふくしままさのり》と日本号《にほんごう》

◆酒の褒美に福島家から黒田家へ

元来は禁裏《きんり》にあり、正三位の位を賜った由緒正しき槍である。刃長2尺6寸1分5厘（約79センチメートル）、茎1尺6分5厘（約62・5センチメートル）の大身槍で、樋に見事な倶利伽羅龍の浮彫が施されている。無銘ではあるが、その美しさや完成度の高さから、現存する大身槍の中でも究極の存在とされており、槍を手掛ける刀匠で腕に覚えがある者なら、必ず一度は写しに挑戦するという。室町時代末期の大和国に住んだ名刀匠・金房派の作と推定されている。現在は美しい青貝螺鈿貼拵《あおがいらでんばりこしらえ》の鞘と柄が付属しているが、かつては熊毛の毛鞘に総黒漆塗《そうくろうるしぬり》の柄という豪壮な仕立てだったという。

まさしく天下三名槍に相応しい出で立ちの日本号だが、この〝日ノ本一〟の日本号が有名なのは戦場ではなく、酒の席にまつわるエピソードによる。

登場人物は2人。日本号の主・福島正則と、黒田官兵衛家臣で〝黒田八虎《はちとら》〟に数えられる重臣・母里太兵衛《もりたへえ》（友信）である。時は文禄・慶長の役の休戦の頃というから、文禄2年（1593）から慶長2年（1597）の間ということになるだろうか。

正月、京にあった太兵衛は主君・黒田長政の名代として、伏見城滞留中の福島正則の元を訪れた。すでに酔いの回った正則は上機嫌で太兵衛を招き入れ一献勧めたが、太兵衛は平身低頭し頑なに固辞。というのも太兵衛は家中でも指折りの酒豪だったが、大酒がたたり長政から酒を諌められていたのである。しかも今は名代として祝賀に訪れている身なのだ。だが正則は面白くない。横紙破りの評判を取った正則は「飲み干せば何なりと好きな物を褒美に取らせる」としつこく勧め、果ては「黒田の武士には豪傑はおらぬ」と吐き捨てる。

太兵衛はもはや我慢ならず、こう言った。

「しからば望みに任せ何でも下さるのですな」

正則は大きくうなずいた。武士に二言などあるはずもない。

正則は大盃を太兵衛に渡しなみなみと酒を注いだ。太兵衛は神妙に押し頂くと悠々と一息に飲み干した。見事な飲みっぷりである。感心しつつ正則が酒を注ぐと、太兵衛は注いだそばから空にする。さらに二度三度、そのさまはまるで蟒蛇《うわばみ》のごとくであった。播磨では大酒呑みを〝ふか〟と言うが、実はそれは黒田家中での太兵衛の仇名でもあったのだ。加えて太兵衛の強情さも正則に負けず劣らずとくれば、とうとう正則も音を上げた。

「さすが黒田武士だ。もうよい、何でも持っていくがよい」

「では、あの槍を頂戴いたします」

正則は一気に酔いが覚めた。まさかあの三位の槍を所望するとは思ってもみなかった。しかしやはり武士に二言はないのである。

こうして太兵衛は槍を担いで意気揚々と帰っていった。これで禁酒の約束を破ったことも許してもらえるだろう。黒田武士の面目を保ったと思うと、千鳥足にも自然と力がみなぎるというものだ。

こうして日本号は母里家に伝来した。ゆえに別名を「呑取《のみとり》の槍」という。

◆戦いに明け暮れ、大名となった漢

武功一辺倒の荒武者・正則に日本号を与えたのは秀吉である。日本号は正親町《おおぎまち》天皇から室町幕府15代将軍足利義昭が拝領し、その後、信長から秀吉の手に渡っていた。秀吉は天正18年（1590）の小田原征伐で、韮山《にらやま》城攻めの功を賞して正則に与えた。〝賤《しず》ヶ《が》岳《だけ》七本槍〟筆頭として秀吉に認められてから7年、日本号は秀吉の期待に応えて天下取りの先陣を駆けまくった正則の宝となった。それは自らが秀吉軍の一番槍であることの誇りそのものであり、命がけでもぎ取った特別な槍でもあった。そのためなのだろうか、日本号を失ったことと、正則の悲運は軌を一にしているようにも思える。

正則の出自は実はよくわかっていない。母が秀吉の叔母（大政所の姉妹）だったという説もあるが、確実にいえるのは、秀吉の近習として秀吉とともに出世してきたことだけである。その秀吉からして出自は謎に包まれているのだ。

正則は秀吉の天下統一戦に従軍し数々の武功を挙げている。文禄の役には朝鮮半島に渡っているが、2度目の慶長の役には参加していない。その間、秀吉の後継者と目されていた秀次が謀反の疑いがあるとして切腹させられ、正則は秀次が領していた尾張清洲24万石を与えられた。文禄4年（1595）のことである。この地は秀吉の出身地ともいわれる重要な拠点である。そしてその2年後の慶長2年（1597）、正則は従四位下侍従に任ぜられ〝清洲侍従〟と称されるようになった。36歳にして大大名となったのである。この時秀吉は61歳。すでに往時の采配は見る影もなく、死の影は間近に迫っていた。秀吉はその翌年にこの世を去ることになる。

正則の栄光もそこまでだった。

◈秀吉とともに栄え、豊臣とともに没落す

朝鮮出兵を境に豊臣家臣は真っ二つに分断される。石田三成らの文治派に対し、武断派の筆頭となったのが正則である。だが正則はあくまで豊臣家を守るために三成を排除しようとした。それもこれも豊臣家の将来を案ずるがゆえである。関ヶ原の戦いにおける家康の意向もあくまで建前は「豊臣家に仇為す者を成敗する」というものだった。家康は正則に好意を示し、正則は東軍の露払いを実直に務め上げた。結果はまさに家康の思う壺である。

正則はさらに出世し、安芸・備後両国に49万8200石を領する身分となった。これが栄華の頂点ではあるが、実質的にはすでに坂道を転がり落ちていた。そのことに正則が気付いていなかったとは思われない。家康が征夷大将軍に任じられ江戸幕府を開いても、それでも正則は律義にも豊臣家を主筋に立てることを忘れなかった。

慶長20年（1615）の大坂夏の陣で、家康は正則を広島から江戸に呼び出し留守居を命じた。正則が豊臣方に付くのを警戒しての措置であった。豊臣恩顧の大名はことごとく家康にひれ伏し、大坂方がかつての猛将・福島正則に寄せる期待は殊のほか大きかった。しかし結果的に正則は、落城の炎すら見えない青々とした江戸の空の下で秀頼の訃報に接した。

その後、正則は洪水で破損した石垣を幕府に無断で修理したとして、武家諸法度違反により領地を召し上げられ、安芸・備後50万石から越後魚沼2万5千石、信濃川中島2万石の4万5千石に減封されてしまう。さらに嫡男忠勝が死ぬと正則は抵抗もせず、魚沼2万5千石を返上した。寛永元年（1624）7月13日、正則は64歳で没した。幕府の検死役が到着する前に茶毘《だび》に付したことが問題視され、幕府は無断火葬を理由に川中島2万石も没収。福島家は取り潰しとなり、庶子正利は3千石を与えられ旗本となった。この時正利は、取り成しを求めて正則の遺品から大御所秀忠に正宗の刀、国次の脇差を、将軍家光に大光忠の刀、義光の脇差などを献上したという。

生前、幕府の非情の措置に不満を露わにする家臣を正則はこう諭している。

「弓を見よ。敵がある時は重宝なものだが、国が治まっておれば袋に入れて土蔵に収める。わしは弓よ。今の治世の世となれば、川中島の土蔵に入れておくのだ」

結城秀康《ゆうきひでやす》と御手杵《おてぎね》

◆関東の名族結城氏の象徴

天下三名槍に数えられる御手杵は、刃長4尺6寸（約138センチメートル）、茎を含めると全長7尺1寸（約215センチメートル）という規格外の大きさの大身槍である。切先から石突までの拵を含めると全長は1丈4尺（約424センチメートル）ほどもある長大なもので、その威容はさぞかし戦場に映えたことだろう。御手杵という一風変わった呼び名は、鞘の形が手杵（片手つきの杵）の形だったという説から、または戦場で挙げた首級十数個をこの槍に貫いて担いで帰る途中、中央の首がひとつ落ちて手杵のように見えたことからつけられたといわれる。

穂先の断面が三角形のため、斬ったり薙いだりするものではなく、刺突に特化した作りとなっている。この槍というにはあまりにも大きすぎる御手杵は最前線で敵をなぎ倒したのではなく、本陣を示す馬印のように用いられたのかもしれない。それほどに圧倒的な存在感を持った不思議な槍であった。

御手杵は室町時代の刀工で駿河嶋田に住んだ五条義助《よしすけ》（4代）の手による大作である。五条義助は相州五郎正宗に師事したといわれ、相模小田原でも作刀に勤しんだ。その五条義助に御手杵を作らせたのは下総の結城氏17代当主・結城晴朝《はるとも》である。

結城氏は鎮守府将軍・藤原秀郷《ふじわらのひでさと》を祖とし、鎌倉幕府の有力御家人小山朝光《おやまともみつ》が下総結城郡に所領を得て結城朝光を名乗った。南北朝期には足利方として活躍、その後は鎌倉公方《くぼう》に従った。鎌倉以来の関東の名門だが、ウィークポイントは後嗣問題であった。結城晴朝は元の名を小山晴朝といった。結城氏16代当主・政勝には後継がおらず、弟高朝は小山氏の養嗣子に入っていた。高朝の3男が晴朝で、政勝は伯父にあたる。晴朝は嫡流の小山氏から結城氏の養子となり、当主となった。

結城氏は佐竹氏、小田氏、宇都宮氏、那須氏などと領土争いを繰り広げたが、晴朝の代になると北条氏が関八州の覇権を狙って勢力を拡大、そこに上杉謙信が進出してきたことで関東の政治情勢は一変する。しかし謙信の関東進出は限定的だったため、上杉軍が来るたびに関東は動乱、晴朝は上杉方と北条方の間で離合を繰り返しながら勢力を維持した。その過程で実父すら敵に回すことになり、晴朝は親子の縁を切ったうえで戦場に立っている。やがて、北条氏康が上杉謙信と越相同盟を締結すると、北条勢が関東平定を狙って公然と武力制圧を開始したため、晴朝は佐竹氏らと反北条連合を組織し激しい抗争を繰り返した。その混乱に乗じて、秀吉が北条征伐に乗り出してくる。反北条の急先鋒であった晴朝は早々に秀吉に臣従し、天正18年（1590）の小田原攻めに参陣して所領を安堵された。こうして関東はようやく安泰の時を迎える。

◆2人の天下人を父に持つ結城秀康

晴朝は嗣子に恵まれず、実家と離縁してまで残そうとした結城の家名も存続の危機に陥る。政略的な観点からも晴朝は豊臣家と養子縁組を画策したのだが、秀吉が結城家の養子として差し出したのはなんと、徳川家から豊臣家に養子に出されていた家康次男・秀康だった。秀吉にとって結城氏は前年に実子鶴丸が誕生しているため、この〝人事〟は即座に決まった。秀吉にとって結城氏は関東の名門であり、決して厄介払いではない。とはいえ晴朝に拒否権はあるはずもなかった。

非業の死を遂げた長男信康に代わり、徳川家嗣子の立場となった秀康は幼名を於義丸《おぎまる》といった。母は家康側室於万の方。正室築山殿《つきやまどの》の奥女中であったため、家康は築山殿の目をおそれ、秀康は重臣の〝鬼作左《おにさくざ》〟こと本多重次の庇護の下で養育された。幼名は秀康の顔が魚のギギに似ていたことから家康が「於義伊《おぎい》」と名付けたという。生前の信康が不憫に思い、家康との対面をお膳立てしたともいわれる。あまりに不幸な幼少時代であった。

家康は小牧・長久手の戦い（1584年）で秀吉と和睦、その証として11歳の於義丸が養子として秀吉の元に送られた。実質的には人質である。喜んだ秀吉は於義丸を元服させ、自らの一字を与え、家康の「康」を取って秀康を名乗らせた。秀吉は秀康をかわいがり、河内に1万石の所領を与え、天正16年（1588）には権中将の官職を与えた。激しい気性の人物だったといわれ、16歳の頃、秀吉が伏見城で馬役の乗馬を観覧していた際、乗馬習練中の秀康が狼藉があったとして馬上から馬役を斬り捨てている。秀吉は無礼打ちをやむなしとはしながらも、秀康の言動を持て余したといわれる。

◆唯一失われた三名槍

秀康を結城氏に迎えた晴朝は、直ちに家督を譲り隠居した。秀康は17歳。さらに5万石を安堵され、結城氏の所領は10万1千石と倍増した。

関ヶ原の戦いでは、秀康は関東の留守を守る総大将として宇都宮城に入り、奥州を押さえ関東の静謐を守ったとして越前北ノ庄67万石に加増移封される。関ヶ原の論功行賞の中では最も高い評価で、ここでようやく秀康は実父に認められたといえるだろう。

結城家移封に従い、父晴朝も越前に赴いたが、徳川家の中で秀康の評価は急激に高まり、家康の勧めもあり松平姓を称するようになる。晴朝は家名を残すべく奔走、秀康五男・直基を養育し結城家を継承させる。しかし晴朝の死後、直基も松平姓を名乗るようになり、晴朝があれほど存続を願った結城家の家名はここで途絶えてしまった。

御手杵は越前松平家から直基が開いた前橋松平家に受け継がれた。「西の日本号、東の御手杵」と並び称され、松平家では参勤交代の馬印として用いられるなど、同家の重宝として大切に受け継がれてきた。東京大久保にあった松平邸に保管されていたが、昭和20年（1945）の東京大空襲により家宝もろとも焼失。御手杵は三名槍のうち唯一失われた槍となった。

現在はレプリカが茨城県結城市の結城蔵美館に展示されており、関東の名門結城家のプライドを象徴する名槍の姿を辛うじて今に伝えている。

激動の幕末、最後の剣客たち

沖田《おきた》総司《そうじ》と加州《かしゅう》清光《きよみつ》

◆愛され続ける天才剣士の愛刀とは?

新撰組きっての実力者と謳われ、不治の病に冒され早世した悲劇の天才剣士。純粋無垢な美青年であり、強さとはかなさが同居したキャラクターで今日まで数多くのファンを魅了してきた。そんな沖田総司には子母澤寛や司馬遼太郎らによって名刀中の名刀・菊一文字則宗が与えられたが、これも判官びいきというべきか、その演出は最期の晴れ舞台を逃した千両役者へのせめてもの手向けということなのだろう。夭逝した名剣士には天下の宝のごとき名刀がよく似合う。

実際に沖田が所持していた刀は大和守安定、そして加州清光が挙げられる。いずれも実戦向きの名刀だが、加州清光は一風変わった由緒を持つ。

正式名称は加州金沢住長兵衛藤原清光。〝清光派〟は室町時代から興った刀工一派で、6代目清光は鍛冶町の仕事場を突然出奔し、非人小屋（窮民収容所）で作刀を続けた。一説には生活に困窮したためともいわれるが、死罪人の後始末に従事する非人たちと接することで、人体の構造や刃物の切れ味について学び、作刀の技術に磨きをかけようとしたとの説もある。実際に6代目清光は非人小屋で幾口もの名刀を打っている。その刀は「非人清光」「乞食清光」とも呼ばれる。

加州清光はその後も12代まで続き、異なる時代に加州以外にも同銘の刀工がいるため、銘だけで「非人清光」であると判断することはできない。

加州清光は比較的手にしやすい価格で流通したため人気も高かった。昭和に入っても人気は衰えず、東條英機も所持していたという。

天下の名刀とは全く異なる出自を持つ加州清光だが、実戦向きである点、そして死の淵で鍛えられたという来歴はどこか沖田に相通じるものがある。もっとも、死に魅入られ志半ばで病に斃れたという運命を思えば、その愛刀は不吉な象徴であったかもしれない。

◆新撰組一番隊組長の図抜けた強さ

沖田は3代にわたって白河藩の江戸屋敷で足軽小頭を務めた家に生まれた。江戸市ケ谷にあった試衛館道場に入門したのはわずか9歳、12歳にして白河藩指南役に勝利したといい、若くして塾頭を務めた。天然理心流だけでなく、北辰一刀流も免許皆伝の腕前だったといわれ、永倉新八は後年、その強さをこう回顧している。

「土方歳三、井上源三郎、藤堂平助、山南敬助などが竹刀を持っては子供扱いされた。おそらく本気で立ち合ったら師匠の近藤もやられるだろうと皆が言っていた」

また近藤も故郷に書き送った手紙の中で、自分に万が一のことがあれば天然理心流は沖田に譲りたいと書き残している。

新撰組の重要な局面で沖田はその剣を抜いた。中でも筆頭局長・芹沢鴨《せりざわかも》暗殺事件は新撰組という組織のためには避けて通れない一件だったと考えられている。芹沢と沖田といえば文久3年（1863）6月、まだ壬生浪士組を名乗っていたころ、大坂出張中に大坂力士と乱闘事件を起こしている。そのきっかけは芹沢と力士の小競り合いだったのだが、一旦は追い払った力士たちが数十人の仲間を引き連れて報復にやってきたのだ。芹沢、沖田をはじめ永倉、山南ら浪士組側は8人、力士たちは六角棒を振り回して襲い掛かってきたため、芹沢以下の者はやむなく抜刀、脇差だけの厳しい戦いだったが、そこは手練れの猛者ばかり。あっという間に数人を斬り倒すと、力士たちはみな逃げ去ったという。

芹沢の乱暴狼藉は確かに問題ではあったが、その豪放磊落《ごうほうらいらく》な性格や水戸出身の〝尽忠報国の士〟の振る舞いから浪士隊の中にも多くの信奉者がいた。しかし、その狼藉は時に度が過ぎることがあり、一説には芹沢の暴挙が浪士組預かりの京都守護職・松平容保の逆鱗に触れ、近藤に殺害命令が下されたとの見方もあるが詳細はわからない。

文久3年9月16日、深夜の壬生・八木邸を覆面黒装束の男たちが襲撃した。男たちはまっすぐ奥の間に向かい、腹心の平山五郎と芹沢の愛妾を殺害、刀を突き立てられながらも逃走を図る芹沢だったが袈裟懸けに斬られ絶命した。実行犯は沖田、土方、山南、原田左之助（藤堂平助とも）の4人だったという。いずれも近藤の命を受けてのものであり、ほどなくして浪士組は松平容保から〝新撰組〟の隊名を与えられることになる。芹沢の死により新撰組は組織化が図られ、公儀の命を旗印に京都の治安維持を推し進めていくのである。

◆病に侵されてなお、新撰組と歩む

池田屋事件の時には病を発して戦線離脱しているが、慶応元年（1865）閏5月ごろの新撰組編成をみると沖田は一番隊組長と撃剣師範を兼任している。上昇機運に乗った新撰組にあって、肺を病んでいたとしても沖田の剣は隊内屈指、その腕前は少しも衰えていなかったようである。

同年2月、総長の山南敬助が脱走した事件では、追っ手として山南を近江草津で捕らえている。沖田は山南を兄のように慕っており、沖田を向かわせたのは土方の策略であったという。新撰組では脱走は死をもって償わなければならない。山南の脱走は隊の路線対立が背景にあったというが、はっきりしたことはわからない。屯所に連れ戻された山南は仲間から再度の脱走を促されるが拒否し、2月23日に切腹。介錯は山南の希望により沖田がこれを務めた。

やがて沖田は病状が悪化し、第一線から退かざるを得なくなる。鳥羽伏見の戦いには参加せず、隊士とともに海路江戸に戻った後、甲陽鎮撫隊に同行しようとするも途中で引き返し、幕府の医師・松本良順の治療を受けたのち、千駄ヶ谷の植木屋で療養する。庭に現れる黒猫を斬ろうとして果たせず、己の衰えを嘆くのは創作だが、新撰組の最後の戦いに加われなかった稀代の天才剣士の心中に去来するイメージは、おそらくこのようなものであったろう。

慶応4年（1868）5月30日死去。享年27（24とも）。

近藤が処刑されてから2ヶ月が経っていたが、沖田にはその事実は知らされず、沖田は死の間際まで近藤の近況を気にかけていたという。

大石鍬次郎《おおいしくわじろう》、伊庭八郎《いばはちろう》と大和守安定《やまとのかみやすさだ》

◆斬れ味鋭いが耐久性に難あり

大和守安定は江戸初期、その斬れ味当代一と謳われた名刀である。刀工も同名で、初代大和守安定は紀州に生まれ、江戸に出て和泉守兼重に師事。その後、神田白銀町に鍛冶場を開き、質実剛健な作刀で評判を呼んだ。明暦《めいれき》元年（1655）には仙台伊達家に招かれて仙台に赴き、藩祖政宗の命日に脇差を霊廟・瑞鳳殿《ずいほうでん》に奉納している。その縁から安定の弟子・安倫《やすとも》は3代藩主綱宗に召し抱えられ、仙台安倫として明治まで続いた。

安定には寛文年間（1661～1673）頃までの作刀が残されている。作風は武骨ながら反りの浅い細身の剣で、斬れ味は確かに鋭く、公儀御様《おためし》御用・山野加右衛門の銘が入ったものが多く、中には五つ胴を斬ったとされる刀も現存する。しかし一説には、使うごとに斬れ味が鈍るといわれ、刃先の耐久性に難があることから、相当の手練れでなければその抜群の斬れ味を活かしきるのは難しかったという。

使い手を選ぶため、さほど高級な刀ではなかったが、それでも安定は凄腕の剣客に好まれた名刀であった。有名どころでは沖田総司が所持していたとされており、同じ新撰組の大石鍬次郎も愛刀としたひとりである。どちらも新撰組きっての使い手であった。

◆新撰組の暗殺者〝人斬り鍬次郎〟

大石鍬次郎は池田屋事件後に近藤勇が江戸で行った隊士募集（1864年）で新撰組に入隊した。御三卿・一橋家藩士の家に生まれたが出奔、日野で大工職人をしていたが元々腕に覚えがあり（小野派一刀流）、日野の名士・佐藤彦五郎の道場に出入りしていたことから、佐藤の推挙もあったかどうかは知らないが、晴れて新撰組隊士として上洛、沖田の一番隊に所属した。以降はその腕を見込まれ、沖田とともに最前線に投入される。特に暗殺任務にはその姿があり、〝人斬り鍬次郎〟の異名をとった。新撰組最大の粛清となった七条油小路事件（1867年）で伊東甲子太郎を斬ったのも大石である。

伊東甲子太郎も大石と同じ時期に新撰組に入隊しているが、参謀格の伊東と大石では全く立場は違う。伊東はこの時、すでに新撰組を離れて御陵衛士《ごりょうえじ》（高台寺党）を結成しており、表向きは円満ではあったが、新撰組本隊とは異なる「反幕府」の動きで対立組織になるおそれがあった。成り行き次第では隊が分裂する可能性もあり、近藤は伊東ら御陵衛士の壊滅に動き出す。それは幕府を守るため、というよりも、新撰組という組織を守るためだった。

永倉新八の『新撰組顛末記』によれば、11月18日の夜、千鳥足で木津屋橋通を歩いていた伊東にいきなり斬りかかったのは新撰組隊士・宮川信吉であった。北辰一刀流の達人である伊東は、覚束ない足運びながらも寸でのところで身をかわし、「御冗談召さるな」と腰の一刀を引き抜いた。この時物陰から飛び出した大石が電光一閃、刀は伊東の左耳から顎を深々と斬り裂き、伊東は声を発する間もなくくずおれたという。

大石はその後、京を追われ、江戸からも放逐された新撰組と行動を共にするが、近藤の捕縛後に脱走、その後捕らえられ、伊東暗殺の罪により斬首された。

大石は確かに手練れではあったが、その凶刃は任務にすぎなかった。大石は伊東殺害は認めたものの最後まで罪の意識はなかった。なぜならそれはあくまで〝隊命〟だったからである。

◆隻腕の剣客、伊庭八郎

方や、その刀に命を賭けた安定の使い手もいる。隻腕の天才剣士・伊庭八郎である。

幕末江戸4大道場のひとつ練武館《れんぶかん》。まず心を磨き、次に技を磨く、つまり常に心をまっすぐに形を正すように工夫し、心・形・刀の三者一体の働きで剣を振るう。これが練武館が教える心形刀流《しんぎょうとうりゅう》の奥義である。

伊庭八郎は練武館を主催する心形刀流宗家の御曹司で、幼いころから〝伊庭の小天狗〟と呼ばれた。強烈な佐幕思想の持ち主で、新政府軍の東征が始まると心形刀流8代目の地位をかなぐり捨てて幕臣たちが結成した遊撃隊の一員として鳥羽伏見の戦いに赴いた。この時伊庭は甲冑に被弾しているが、軽傷を負っただけで済んだという。幕府軍が敗退すると遊撃隊も江戸へと引いたが、関東の最前線で激闘を繰り広げ、箱根山中の戦いで左手首に深手を負う。しかし伊庭は使えない左手などいらないとばかり左腕ごと切り落とし、自ら隻腕となった。

江戸城開城の後も伊庭は抵抗を続け、榎本武揚率いる旧幕府艦隊とともに奥州へ向かい、一足遅れで箱館に合流した。

事実上の榎本政権による〝蝦夷共和国〟では陸軍歩兵頭並に抜擢され、遊撃隊隊長となる。所属連隊は佐幕派部隊の残存勢力で構成され、その中で伊庭が所属した第2大隊は遊撃隊と彰《しょう》義《ぎ》隊《たい》、そして新撰組で組織された。

五稜郭に新政府軍が迫ると伊庭は隊を率いて必死に抵抗を続けるが、最新鋭の装甲軍艦による艦砲射撃が行われるようになると一気に崩され、伊庭も木《き》古《こ》内《ない》の戦いで銃撃を浴び戦闘不能に陥る。すでに戦える状態ではなく、伊庭は箱館病院に搬送されたが、手の施しようがなかったという。その後、伊庭は五稜郭に病臥していたが、新政府軍の総攻撃を待たずして土方歳三が戦死し、海軍も壊滅、もはや敗北は避けられない状況となった。

明治2年（1869）5月12日、開城前の病室に榎本が伊庭を見舞い、自決用のモルヒネを渡した。伊庭は笑って嚥下し眠るように息を引き取ったという。

佐幕派の天才剣士が愛刀とした大和守安定。持ち主がいずれも悲劇的な最期を遂げた悲運の名刀である。

土方歳三《ひじかたとしぞう》と和泉守兼定《いずみのかみかねさだ》

◆新撰組鬼の副長が振るった刀

和泉守兼定は、五稜郭の戦いの後、箱館から土方の遺品と共に、東京・日野の遺族のもとに送り届けられたという。

新撰組の「鬼の副長」の異名を取り、攘夷派の志士たちのみならず隊士たちにも恐れられていた土方歳三が愛用していた刀である。

元々和泉守兼定は、美濃国の関鍛冶兼定の手による実用本位の刀として知られる。その歴史は室町時代末期にまで遡るが、とりわけ「之定《のさだ》」の通称で知られる2代目兼定の刀は地肌の紋様が美しく、斬れ味鋭い名刀といわれる。江戸時代の文政年間に書かれた『古今鍛冶備考』（山田浅右衛門著）によると、斬れ味をランク付けした「業物位列」で2代目和泉守兼定は長船秀光、孫六と並ぶ「最上大業物」のひとつとされている。2代目兼定の業物は戦国時代の武将も愛用していたといわれ、徳川家康や細川幽斎（藤孝）、柴田勝家、明智光秀、森長可など、錚々たる人物の名前が挙げられている。

五稜郭で土方が使用した兼定は、このような歴史的「最上大業物」に認定された2代目兼定の作ではなく、会津藩お抱えであった11代兼定の作とされているが（12代とする説もある）、それでも刀の斬れ味は抜群だったようである。会津は武芸が盛んな土地柄であったため、刀の姿も質実剛健。拵の美しさも相まって、まさしく鬼の副長の愛刀にふさわしいものだったといえるだろう。

この兼定は土方歳三資料館（日野市）に現存する。刃渡り2尺3寸5分（約71センチメートル）、慶応3年（1867）の裏銘がある。文久3年（1863）に、近藤勇が日野の佐藤彦五郎宛に送った手紙には、土方の刀について「和泉守兼定二尺八寸（約85センチメートル）」と書き記され、明らかにこの兼定とは異なる。そのため和泉守兼定は2振あった可能性がある。

兼定と新撰組は関係が深い。11代兼定は会津藩主・松平容保が京都守護職として入京すると後を追うように京に上り、西洞院竹屋町で鍛冶場を開き作刀を始めている。文久3年（1863）12月に和泉守を拝領して以降、正式に和泉守兼定を名乗っており、新撰組が会津藩預かりとなってからは作刀が追い付かないほど多忙を極めたといわれる。

◆近藤の右腕、その実力

土方は武蔵多摩の豪農の末子に生まれた。幼少のころから武士になるという夢を抱き、各地の剣術道場に出向いて剣術修行に明け暮れ、安政6年（1859）に試衛館に入門した。土方25歳のことである。翌万延元年に刊行された江戸を除く関東地方の剣術巧者名鑑『武術英名録』には天然理心流免許皆伝の佐藤彦五郎ら皆伝者に並んで土方の名前も掲載されており、入門時にはすでに相当の実力を備えていたと考えられる。天然理心流では入門後、切紙↓目録↓中極意目録を経て免許が与えられるが、剣術巧者でも最短で5年はかかるという。土方は中極意目録までの記録しか現存していないが、その戦闘術は群を抜いていた。斬り合いの際に足下の砂を蹴り上げてひるんだ隙に一刀を叩き込んだり、時には組んで絞殺するなど、実戦で鍛えられた喧嘩師ならではの縦横無尽な動きで連戦連勝を重ねた。その強さは近藤も認めており、文久元年（1861）8月に行われた近藤の天然理心流4代目披露の野試合にも抜擢されるなど、近藤の描く計画には欠かせないキーマンになっていった。

天下動乱の幕末において、剣術は自らの正当性を貫くために必要とされた。同時に何が起きるかわからない時代に自らを守るという側面もある。千葉周作の玄武館《げんぶかん》や斎藤弥九郎の練兵館《れんぺいかん》、桃井春蔵《もものいしゅんぞう》の士学館といった名門とは異なり、試衛館は3流道場に過ぎない。実戦を重んじるといえば聞こえはいいが、その出自は多摩の裕福な農民たちが、自分たちの身を守るために剣術を学んだことに始まる。しかし実力がすべての〝勝てば官軍〟となり得る時代、腕に自慢の若者は身の程をわきまえない大志を抱いた。幕末とはそれが許された時代であった。

土方は俳句や和歌をたしなみ、剣術も熱心に学んだが、武士としての教育を受けてきたわけではない。近藤も同様である。武士の世がもうすぐ終わろうとしていることは、苛烈な戦いの過程で身をもって知ることになったと思われるが、それでも新撰組は武士よりも武士らしくあろうとした。その意思は過酷な〝局中法度〟に現れている。

土方歳三《ひじかたとしぞう》と堀川国広《ほりかわくにひろ》

◆幕末の侍たちは、帯びた刀に何を願ったか？

土方歳三が所持した刀は和泉守兼定のほかに、松平容保から拝領した越前康継のものが現存している。このほかに、近藤勇が日野の佐藤彦五郎宛に送った手紙には、土方が所持していたもう1振の脇差の名が記されていた。

「脇差一尺九寸五分（約60センチメートル）堀川国広」

堀川国広は日向国の伊東氏に仕える武士だったが、主家没落後、諸国放浪し刀工に転じた。京一条堀川に住み「山伏国広」「山姥切国広」などの名刀を世に送り出した。幕末でもいわゆる〝堀川物〟は希少価値が高く、土方が所持していた堀川国広は当時の記録もなく、現存していないことから、その真贋を含めてよくわからない。ただ少なくとも近藤のいうように〝堀川国広〟なる脇差を所持していたことだけは確かなようだ。

常に最前線で戦い、新撰組が壊滅した後も戦い続けた土方の愛刀。農民の出自ゆえ、「武士と刀」に対する思いは人一倍強かったが、それでも常に戦場で戦っていれば、もはや刀の時代ではないことが痛いほどわかる。

慶応4年（1868）1月、一旦は京を明け渡した旧幕府軍だったが新政府軍の横暴に耐え切れず〝討薩〟を旗印に動き出し、ついに両軍は京で激突する。戊辰戦争の始まりとなった鳥羽伏見の戦いである。近藤勇は前年暮れの狙撃事件による怪我の治療のため大坂におり、新撰組の指揮は土方が執った。新撰組は幕府歩兵隊や会津藩兵とともに伏見奉行所に陣取り、新政府軍を迎え撃った。その数は1万5千人。対する新政府軍は5千人、うち実際に戦闘に参加したのは1千500人程度と圧倒的兵力の差があったにもかかわらず、外国から輸入した大砲や鉄砲などの近代兵器の前に旧幕府軍は総崩れとなる。天皇の御旗を翻した新政府軍の攻勢に各藩の足並みは乱れに乱れ、前線に立った新撰組はいたずらに犠牲を増やしていった。井上源三郎ほか、3分の2以上の隊士がこの戦いで命を落とし、江戸へ撤退した新撰組はわずか40人ほどになっていた。

◆新撰組局長、最後の戦い

江戸城に登城した土方は、佐倉藩江戸留守居役の依田学海《よだがっかい》に戦況を尋ねられ次のように答えたという。

「戎器《じゅうき》（武器のこと）は砲に非ざれば不可。僕、剣を帯び槍を執り、一も用うるところなし」

しかし戦いはまだ終わっていない。新政府軍の追撃はまだ続いていた。京での新撰組の〝悪名〟は響き渡っており、いまや官軍（新政府軍）の主力となっている薩長土肥は同志を殺害した憎き仇でもある。江戸の無血開城も想定内にあったと思われる勝海舟ら現実派や恭順派にとっては、暴発を誘因しかねない新撰組が江戸にいてもらっては困るのである。勝海舟は近藤に若年寄格、土方に旗本寄合席格を与え、甲陽鎮撫隊《こうようちんぶたい》の名を与えて板垣退助率いる東山道軍の迎撃に向かわせた。体のいい江戸払いである。風前の灯である幕府から得た破格の地位。そんなものにどれほどの価値があるというのだろう。

近藤は大久保剛、土方は内藤隼人と変名を用い、甲州街道を一路甲府に向かった。すでに官軍は甲府城にあり、その数は3千。対して鎮撫隊は300。あまりの劣勢に脱走者が相次ぎ、頼みの会津軍も来ず、近藤は百数十人の兵で戦わざるを得なかった。鎮撫隊は一方的に蹴散らされ、八王子へ敗走した後に解散となった。この惨めな敗戦は近藤を打ちのめした。

近藤と土方は会津に向かうべく隊を再編成し、下総流山に屯集したが不穏な動きを察知した官軍により囲まれてしまう。この時、切腹しようとした近藤を土方が止めたともいわれるが、近藤は土方の制止も聞かず幕臣大久保大和を名乗って投降した。官軍が近藤のごとき重要人物を逃すはずがない。土方は江戸で勝海舟らに近藤の助命を嘆願したが叶わず、慶応4年（1868）4月25日、近藤は板橋刑場の露と消えた。

◆勝敗決してもなお抗い、倒れた土方

土方は残った隊士を率いて会津に向かった。途中、2千を超える幕府脱走隊と合流、将のひとりとして宇都宮城の戦いを勝利に導いている。この戦いで負傷した土方は3ヶ月の療養期間を置いて戦線に復帰するが、すでに会津憎しで凝り固まった官軍による総攻撃が始まらんとしていた。これは会津攻防戦全体を通じていえることだが、圧倒的な火力差はいかに強靭な精神力があろうともいかんともしがたい。土方は援軍を求めて諸藩を奔走するが目的は果たせず、3番隊組長・斎藤一ら隊士と袂を分かって、仙台で榎本武揚率いる旧幕府海軍と合流する。こうして土方は箱館五稜郭へやってきた。全く馴染みのない北の大地が自らの死地となることを土方は知っていただろうか。

明治2年（1869）4月、新政府軍が上陸し始め、5月になると箱館総攻撃が開始された。榎本を総裁とする「蝦夷共和国」で陸軍奉行並の役職が与えられた土方だったが、戦場での鬼神のごとき振る舞いはさらに激烈を極めた。5月7日、箱館港で激しい戦闘があり、防衛線の

ひとつであった弁天台場との連絡が絶たれたため、土方は弁天台場奪回のために出陣した。弁天台場に残る200人の兵のうち100人が新撰組の隊士なのだ。

5月11日、馬上で刀を振りかざして指揮を執っていた土方は突然もんどりうって落馬した。腹部に銃弾を受けており、側近が駆け付けるとすでに絶命していたという。享年35。奇しくも新撰組局長・近藤勇と同じ年齢であった。

土方の遺体はほかの戦死者と共に五稜郭に埋葬されたといわれるが、定かではない。戦場に散ってこそ武士の本懐、戦いに明け暮れた妥協なき土方の人生は死に場所を求め続ける旅でもあった。

近藤勇《こんどういさみ》と長曽祢虎徹《ながそねこてつ》

◈近藤の虎徹は血に飢えていたか？

江戸新刀の名工・虎徹。近江国佐和山に生まれ金沢で甲冑師として名を上げ、齢50を過ぎて刀工となり、鍛えあげた名刀を次々と世に送り出していった。その真作は最も優れた「最上大業物」の格が与えられ、斬れ味、見栄えともに最高峰の逸品ゆえに、無数の贋作が出回った。

〝今宵の虎徹は血に飢えている――――〟

新撰組局長・近藤勇も虎徹を愛刀としたひとりで、先のセリフは講談などでお馴染みだが、その真贋は極めて疑わしい。それでも近藤は自分の愛刀は虎徹であると公言してはばからなかった。新撰組飛躍の契機となった池田屋騒動の後、近藤は江戸の養父に宛てて書状をしたためている。池田屋での激闘の様子を細かく書いており、その中で近藤は、

「永倉(新八)の刀は折れ、沖田(総司)の刀は帽子(切っ先の刃文の部分)が折れ、藤堂(平助)の刀は無数の刃こぼれができたが、自分の刀は虎徹だったからか全く無事だった」

と述べている。この騒動は近藤の剣豪としての実力をまざまざと見せ付けた一件であり、京の尊王攘夷派志士に大打撃を与えた新撰組最大の功績でもあった。養子・近藤周平も15歳ながら隊士として参加していただけに、故郷の親族たちへの報告に自然と誇らしげな態度が見え隠れするのもわからなくはない。

実際、近藤は刀剣好きでもあったようで屯所でも刀剣話に花を咲かせたという。ところが先述したように、近藤の虎徹については真贋を含め、入手経路すらよくわからない。子母澤寛の小説『新選組始末記』によれば「江戸で購入」「大坂の豪商・鴻池善右衛門から譲り受けた」「新選組隊士・斎藤一が京の夜店で買った無銘の刀を惚れ込み、強いて譲ってもらった」という3つの説が記されている。司馬遼太郎の『新選組血風録』ではこの3つの説が採用され、近藤は3本の虎徹を所有。江戸で購入した虎徹は贋作だったが、近藤はそれを知りつつ佩刀していた

ことになっている。

いずれにしても近藤は、新撰組局長として「最上大業物」の虎徹を佩刀している必要があった。それがたとえ贋作だろうと、第一に重要なのは実戦で遺憾なく威力を発揮する優れた刀なのであって、その来歴など二の次でよい。美しい刃紋も名工の魂も戦場では不要なのである。価値は実戦でこそ決まるのだ。

〝今宵の虎徹は血に飢えている――〟

実際に近藤がこの言葉を発したかどうかはわからない。それでも当世最高峰の「最上大業物」は徳川の尖兵として京を守る新撰組局長にこそふさわしい1振であったろう。武士たちの憧憬を一身に集めた名刀虎徹は、幕末動乱を「誠」をもって鎮める武の象徴、いわば〝誠の剣〟なのである。だが、近藤が真作の虎徹を所持していたとしても、迷わず使い慣れた贋作を用いたはずだ。近藤にとって〝誠の剣〟に真贋は関係ない。ゆえに近藤は愛刀を虎徹と呼んだ。

◆実戦で最強だった新撰組局長

新撰組の名分を与えられても、食い詰めた浪士の集団である〝壬生浪〟上がりには金がなかった。池田屋事件、禁門の変で高名を上げるまでは給金は3両、後に近藤の給金は50両にまで跳ね上がるが、そのころの給金ではとても名刀虎徹を手に入れることなどできない。今では江戸後期の名工・源清麿の打った刀に偽銘を施した偽物であったとする説が有力だ。

しかし天然理心流宗家4代目の肩書は伊達ではなく、その剛剣は池田屋での戦いぶりからもよくわかる。名刀に相応しい力量を近藤は備えていた。

池田屋事件を振り返ってみよう。近藤は不逞浪士の人数も正体もわからないうちから突撃隊を組織し、不逞の志士たちが集まるアジトへ急行している。戦闘集団・新撰組がのるかそるかの大一番である。

情報では踏み込む先は池田屋と四国屋の2ヶ所。近藤は迷わず10人を連れて池田屋に、副長・土方歳三が隊士24人を率いて四国屋に向かった。すでに近藤隊は人員が少ないが、この時点で選抜メンバーは決定している。池田屋に着いた近藤隊は、ここが件のアジトであると知るや一気に階段を駆け上がり、浪士たちの集団へ斬り込んだ。先頭を務めたのは近藤、その背を追うように沖田、永倉、藤堂が続いた。近藤に追い付いた沖田は、2階の浪士を引き受け、近藤に階下に逃れた敵を追うように言うと、近藤は階段から裏口へ回った。ところが労咳(肺結核)を病んでいた沖田は吐血、戦線を離脱してしまう。階下では藤堂が顔面を斬られ戦闘不能、さらに永倉も刀を折られ苦戦を強いられていた。そこに現れた近藤は敵を袈裟懸けに斬り捨てて窮地を救ったが、まともに戦えたのは近藤ただひとり。そこに土方隊が到着すると、大勢は完全に決着、遠巻きに見ていた諸藩兵もようやく加勢し始め、池田屋事件は終結した。

この事件で新撰組に幕府・朝廷から総額600両の報奨金が支払われている。内訳をみると隊士34人の中で最も多いのが近藤の30両、次いで土方が23両。ほかの隊士には20〜15両となっている。局長、副局長の別はあろうが、近藤の働きは随一であり、その腕も確かなものだった。

◆剛剣を失った近藤の運命

その後近藤は望み通り〝徳川の武士〟となり、幕臣として幕府のために働くが、慶応3年（1867）12月9日王政復古の大号令により明治政府が誕生すると、新撰組の命運も尽きる。12月18日、公務を終えて帰路にあった近藤は銃撃され重傷を負う。襲ったのは新撰組を離脱し、近藤らに粛清された元御陵衛士の篠原泰之進《しのはらたいのしん》らであった。近藤はこの時の右肩の怪我により剛剣を失う。以降、剣客近藤が剣の腕を振るうことはなく、象徴的に近藤の運命も暗転していった。

なお、近藤の虎徹はとある神社に奉納されたといわれるが、その行方はわからない。

榊原鍵吉《さかきばらけんきち》と同田貫正国《どうだぬきまさくに》

◆〝最後の剣客〟とその師〝剣聖〟男谷

刀とは人を殺す凶器である。幕末の激しい動乱は、それまで自己修練を旨としていた剣術のあられもない本質をまざまざと浮かび上がらせてみせた。しかしやはり、刀はただの武器ではない。彼らは刀を抜くことに、彼らなりの意味を見出した。

幕末に〝剣聖〟と呼ばれた天才武術家がいた。直新影《じきしんかげ》流12代団野源之進《だんのげんのしん》に入門しわずか４年で免許皆伝、武芸十八般の兵法家平山行蔵《ひらやまぎょうぞう》に兵法を学び、槍術や弓術も達人級。その〝剣聖〟、名を男谷信友《おたにのぶとも》という。見栄えや形式を重んじる剣術界に異を唱え、積極的に竹刀による他流仕合を推奨した。男谷自身、誰からの挑戦も断らず、それによって男谷の破格の強さが広まっていくことになった。仕合は３本中１本は必ず相手に勝たせる気の遣いようで、人柄も温厚、決して偉ぶらず多くの剣客から慕われた。何しろ、名を上げるべく現れる挑戦者が男谷の圧倒的強さと人柄に魅せられ、次々と門下生を願い出るほどなのである。

男谷は勝海舟の親戚筋にあたり、幕臣の家柄であったことから国防意識も強く、諸外国の軍事力に対抗するために幕府の訓練機関設立を提案。その進言が受け入れられ、安政３年（１８５６）、旗本や御家人およびその子弟を対象にした幕府の武芸訓練所「講武所」が発足、男谷は頭取並に任じられた。剣術師範は男谷のほか鏡新明智流の桃井春蔵、心形刀流の伊庭秀俊、柳剛流《りゅうごうりゅう》の松平忠敏など錚々たる顔ぶれだったが、重点が置かれたのは剣術よりも砲術や洋式調練であった。男谷はすでに剣術だけでは諸外国に対抗し得ないことに気付いていた。

◈榊原鍵吉と幕末の動乱

〝最後の剣客〟と呼ばれた榊原鍵吉は男谷の門下生であった。御家人の家に生まれ、13歳で入門すると同時に母を亡くし、4人の弟の面倒をみながら道場に通った。見かねた男谷は家に近い玄武館や士学館に通うよう勧めたが、鍵吉は「武士は二君に仕えずと申します。私の師は先生だけです」と遠路を通い続けた。剣術の腕前はみるみる上達したが、家が貧乏なためどうしても目録や免状を取ろうとしない。事情を察した男谷は費用を出世払いとして鍵吉に免許皆伝を与えた。

安政3年（1856）、27歳の時に男谷の推薦によって鍵吉は講武所の剣術教授方となる。当時27歳、幕末の混乱期に大いに気を吐く若き剣客であった。まだ少年だった将軍家茂は、講武所開場式の模範仕合で目にした無類の強さに魅せられ、鍵吉を剣術の個人教授に迎えている。率直な振る舞いが気に入られた鍵吉は、近臣同様にかわいがられたという。

文久3年（1863）、公武合体のため家茂が上洛すると、男谷は旗奉行を務め、鍵吉も講武所刀槍隊の師範役として同行する。京は緊迫の度合いを深めるも大きな騒ぎには至らず、そのさなか鍵吉は四条河原で狼藉を働いた土佐浪士3人を無礼討ちにしている。

ところが慶応2年（1866）7月、2度目の上洛を果たし、第2次長州征伐を目前にして家茂は大坂城で急死してしまう。9月になって家茂の遺骸が海路江戸へと戻ると鍵吉も付き従い、最後の奉公を済ませると鍵吉は講武所を退き、下谷車坂に道場を開いた。道場には家茂の肖像が掲げられていたという。

鍵吉は幕府軍と新政府軍の戦いには参戦しなかった。ただし、道場のすぐそばで行われた上野戦争（1868年）では密かに戦場に赴いている。幕臣たちによる彰義隊（大義を彰《あきら》かにするという意味が込められている）に加わったわけではないが、彰義隊が擁立した輪王寺宮公現《りんのうじのみやこうげん》入道親王（後の北白川宮能久親王）を守るために上野寛永寺に赴き、宮を背に担いで砲弾が降りそそぐ中を三河島まで逃げ延びている。鍵吉は宮を逃すと山内に取って返したが戦闘は終結しており、仕方なくそのまま道場に戻り平然と稽古を続けたという。

◆武士道を残すために、苦肉の撃剣興行

かくて新政府が誕生し、日本は開国し近代化路線を走り出した。もはや武器としての「剣」は無用の長物となり、武士階級も消滅し、廃刀令も実施された。鍵吉はその腕を見込まれて新

政府の刑部省に柔剣指南役として誘われたが固辞、しかし〝御一新〟後の時代に剣客の居場所はなかった。鍵吉が〝最後の剣客〟と呼ばれたのは撃剣興行を主宰して剣術家を救済したためである。撃剣興行とは剣術の試合を見世物として行った一種の興行で、鍵吉は相撲のような形で剣術を一大エンターテインメントにしようと考えたのである。つまり〝最後の剣客〟というのは客を呼ぶための演出でもあった。それほど明治開化後の剣術家たちは生活に窮していた。

一部の剣術家から非難する声も上がった。見世物にするとは何ごとか、と。

鍵吉は静かに反論したという。

「これは決して利欲のためではない。武士道のためだ。武士は廃れても武士道は滅びず。また滅ぼしてはならない以上、盛んにするためには剣道を磨かねばならない。一時の方便としてたとえ見世物と言われようと、多くの人にこれを見せて一人でも学ぶ者を増やすことは決して武道の恥辱でも、剣士の不面目でもないはずだ」

だが明治も時代が下ると、一時は大ブームとなった撃剣興行もやがて下火になってしまった。

◆今も語り継がれる同田貫の一刀

明治19年（1886）11月10日、東京・紀尾井町の伏見宮邸に明治天皇の行幸があり、その御前で兜割りが行われた。用いられたのは明珍作の南蛮鉄を用いた桃形兜《ももなり》である。元々兜は斬れぬように作られており、しかも用意されたのはいかにも鍛えられた黒光りの兜である。当代でも名を知られた立身流居合の使い手・逸見宗助、鏡新明智流の上田馬之助が挑んだが、どちらも渾身の一刀をはじき返されしまった。最後に登場したのが鍵吉である。58歳の老剣客に冷ややかな視線が浴びせられた。

同田貫――――。九州肥後国菊池郡に住んだ刀工たちの手による剛刀である。後に同田貫の地名が流派となった。銘は正国、信賀、上野介などがあり、このうち正国は肥後国領主となった加藤清正によって見出され、斬れ味、頑丈さが大いに気に入られたことから、朝鮮出兵を前に大量に生産されたといわれる。実戦本位の作風で、美術品的価値は低いとされる。

鍵吉は静かに一礼して兜の前に立ち、胴田貫をゆっくりと抜き放った。この同田貫はその日、下谷西町の刀師から渡された1振だった。鍵吉はかつて家茂の御前で兜割りに成功したことがあった。歳は取ったが呼吸ひとつで斬れぬはずはない。

鍵吉は得意の大上段に構え、裂帛《れっぱく》の気合を込めて同田貫を振り下ろすと、鉛のごとき兜は真向いから6寸5分（約20センチメートル）ばかり斬り割られた。

老いたとはいえ、その太刀筋に少しの迷いもなかった。〝最後の剣客〟の名声はこの同田貫の一刀に極まったのである。

第2章

権力者たちが求める名刀の権威

時代の名家とその象徴

北条貞時《ほうじょうさだとき》と鶴丸国永《つるまるくになが》

◆歴史上に現れては消える名刀

作者の五条国永についてははっきりしたことはわからない。寛政年間の『本朝鍛冶考』は平安中期の名刀匠・三条宗近の弟子有国の子としており、後白河法皇の竜胆《りんどう》丸、菊丸の作者であるという。そのほかにも宗近の子で京五条に住んだ五条兼永の子で、弥太郎、または太秦国永であるという説もある。国永も山城伝の流派である〝五条派〟を代表する名工のひとりではあるのだが、現存する有銘作は希少で、太刀が3振、剣が1振知られるのみである。

さらに「鶴丸」の号の由来もわからない。一説にはかつて刀身を収めた拵に鶴の蒔絵が施されていたためという伝承があるが、それ以上のことは不明である。ただし竜胆丸、菊丸いずれも家紋との関連性を感じさせる号ではある。

鶴丸国永は名物のひとつで、現在は皇室御物となっている。国永の銘が切られ、「太刀　銘国永（名物鶴丸）」を名乗る。刃長2尺5寸9分5厘半（約78・6センチメートル）。鎬造、細身で、反りの高い優美な立ち姿である。明治天皇の仙台巡幸の際に伊達家から献上されたもので、伊達家では遅くとも元禄年間（1688〜1704）には伝来していたと考えられる。それ以前の貞享年間（1684〜1687）に本阿弥光温の弟が京伏見の藤森神社で神事に用いられていたのを偶然見つけ、お墨付きを得たということになっているが、天下の名刀がなぜそこにあったのかはわからない。まさに奇縁というほかない。

◆北条家の命運を決めた霜月騒動

伝承によれば、最も古い所有者は平安時代中期の武将で、多くの伝説を持つ平維茂《たいらのこれもち》である。維茂は平将門の乱を鎮め、後に鎮守府将軍となった平貞盛の養子で、15番目の子だったため、10に5余るとして〝余五将軍〟と呼ばれた。小烏丸や母子丸《ぼこまる》などの名刀を所持していたことでも知られ、信州戸隠山の鬼女紅葉《もみじ》を退治した〝紅葉伝説〟の主人公でもある。物語はこうである。鎮守府将軍・源経基《みなもとのつねもと》の正室を呪殺しようと謀った鬼女紅葉は戸隠山に逃れた。追討軍を率いた維茂だったが、紅葉の妖術に大苦戦を強いられる。そこで維茂が戸隠明神《とがくしみょうじん》に祈ると、夢の中に現れた老人から〝降魔の剣〟を授けられ、見事紅葉を討った。その剣は戸隠明神に奉納されたというが、現存はしておらず伝説の域を出ない。

保元の乱（1156年）の頃には、村上太郎長盛が所持したとされるが、信濃村上氏に長盛の名は見当たらない。その後主となったという清野三郎入道という人物もはっきりしない。

鶴丸国永は主を転々とし、弘安の役（1281年）の頃には鎌倉幕府の有力御家人であった安達氏に伝わっている。この頃、幕府は初めて味わう外国による侵略戦争〝元寇〟の対応に追われ、恩賞を巡って西国の御家人や鎌倉武士が反発を強めていた。勝利しても与えるものがないのだから当然といえば当然だが、崩れかけた北条氏得宗《とくそう》家の間隙を突いて勢力を拡大したのが安達泰盛である。第8代執権・北条時宗の正室の兄という立場を利用し、神経症を発した時宗を生かさず殺さず、弘安7年（1284）に時宗が死ぬと、泰盛は幕政の実権を掌握した。得宗家の家督を継いだ嫡男貞時がまだ14歳だったためである。貞時が執権に就任すると泰盛はさらに専横を強めたが、これに時宗の代から得宗家の御内人《みうちびと》筆頭として仕えてきた平頼綱が反発。御内人は御家人よりも身分的に下ではあったが、貞時の乳母父でもある頼綱は一歩も引かず、執権貞時の心配をよそに讒言《ざんげん》合戦はエスカレートしていく。そして弘安8年（1285）11月、泰盛の子・宗景が源姓を称したことに「将軍になる野心あり」として貞時から泰盛討伐の命を得た頼綱は密かに兵を動かし、貞時邸に出仕してきた泰盛ら子息を誅殺してしまう。警戒を強めてきた泰盛方の御家人たちが直後に決起すると頼綱率いる御内人が応戦、両者はついに激突する。とりわけ長年にわたって虐げられてきた御内人たちの憎しみは凄まじく、安達一族全員が自害しても攻撃は止まなかった。敗走する外様勢を追撃し、随所で館を焼き払い、逃れようとする家人を片っ端から斬り殺した。虐殺は鎌倉だけに収まらなかった。狂気は安達氏の本拠のある信濃・常陸・三河・播磨・美作・因幡、さらに遠く九州の筑前や肥後にまで伝播し、次々と討手が差し向けられた。

この殺戮により幕府創設以来の有力御家人の政治勢力は壊滅、平頼綱率いる御内人勢力の覇権が確立した。これを霜月《しもつき》騒動という。

◆再び姿を消した血塗られた名刀

多くの血が流された後、貞時は鶴丸国永を手に入れたという。安達一統の怨念がまとわりついた血塗られた刀であったかどうかはわからない。しかし貞時は、安達一族の墓をあばき亡骸とともに埋葬されていた鶴丸国永を奪い我がものにしたという説もある。いずれにしても、名刀を入手する経緯はひどく血なまぐさいものだった。

この戦いがあまりにも残酷だったためなのか頼綱は翌年に出家している。それでも権力は手放さず、御内人による恐怖政治が続いた。ところが頼綱は成長した貞時に疎まれ、父子の対立から謀略を疑われあっけなく自害、密告した長男を除き一族郎党が殺害されてしまう。再び実権を握った貞時は、追いやられた御家人を復権させ、北条一門の勢力回復を目指した。しかし次期当主となった3男高時の代で北条家は滅んだ。

それからの鶴丸国永の行方はまたも不明である。

ある説によれば、織田信長が手に入れ、元亀年間（1570〜1573）に家臣の御牧景則《みまきかげのり》に下賜したという。景則は後に明智光秀の与力となり、山崎の戦いの後、秀吉に拾われ馬廻となっている。検地奉行を務め、実直潔癖な人物だったといわれる。一方で家康とも懇意であり、非常に世故に長けた人物だったと思われる。関ヶ原の戦い直前に死没。鶴丸国永は再び行方をくらませたのであった。

足利義輝《あしかがよしてる》と三日月宗近《みかづきむねちか》

◆時の権勢とその象徴、天下5剣の一振

室町時代、刀剣の最高傑作として選ばれた5振を〝天下5剣〟と呼んだ。

天皇家の至宝・鬼丸、加賀前田家に伝わった国宝・大典太《おおてんた》、津山松平家の家宝にして国宝・

童子切《どうじぎり》、日蓮の御持刀であった重文・数珠丸《じゅずまる》、そして三日月宗近。いずれも現存すること自体が奇跡的な5口である。

三日月宗近は三条派の始祖である三条小鍛冶宗近の作で、〝天下5剣〟の中でも最も美しいと評される名物中の名物。その外観は優美で、茎《なかご》から腰にかけて強く反り、逆に先はほとんど反りがない。細身の刀身に地沸き厚く、小乱れ刃、匂口は深く、かすかに三日月型の模様が見られることからその名がある。製作は一条天皇の時代(10世紀末~11世紀初頭)と考えられ、すでに室町時代の刀剣書に名工宗近の名とともにその名が見られる。

三日月宗近は豊臣秀吉の正室・高台院(ねね)が所持し、遺品として徳川秀忠に贈られ、そのまま徳川家の宝刀として今に伝来したものだが、それ以前の来歴となるとはっきりしない。元々は武家政権の象徴として、鬼丸や大典太、童子切、大般若長光《だいはんにゃながみつ》(国宝)などと足利将軍家に伝わった宝刀のひとつだったのは間違いなく、何らかの原因で他家に流出、結果的に時の権勢の移り変わりとともに新たな持ち主が現れることになった。その象徴的な事件に「永禄《えいろく》の変」(1565年)がある。時の将軍が御所で襲われ討死するという衝撃的なクーデターで、この時に宝刀が強奪されてしまったというものだ。三日月宗近には所有者の変遷を事細かに示す史料は存在しないが、天下の趨勢通り最後は豊臣家から徳川家へと持ち主を変えている。

永禄の変で殺害されたのは室町幕府第13代将軍足利義輝。〝剣豪〟と呼ばれた将軍である。

◆足利幕府再興を志した、将軍義輝

足利幕府は15人に及ぶ征夷大将軍を出しているが、政権末期は実力を伴わない形だけの将軍職となった。具体的には足利幕府の最盛期を築いた3代将軍義満以降は実体が伴わず、将軍指名が行われずくじ引きで選ばれた第6代義教が幕府の立て直しと将軍親政を図ろうとしたが、志半ばで播磨・備前守護の赤松満祐《みちすけ》に殺害される（嘉吉の乱）。現役の将軍が暗殺されたことで、再び幕府の権威は失墜、通常ならそれに代わる新政権が現れるところだが、朝廷との友好関係を背景に、足利将軍はあたかも名誉職のように続いていった。

応仁・文明の乱を経て下剋上の世となっても将軍職は残り、台頭する守護大名を利用し、逆に利用されながら足利幕府は延命した。足利義輝はわずか11歳にして将軍職を譲られたが、父である第12代将軍義晴は熾烈な権力争いに敗れて京を追われていたため、就任式は亡命先の近江坂本の日吉神社で行われた。天文15年（1546）12月のことであった。

義輝は幕府権力と将軍権威の復活を夢想した。しかしすでに将軍家にはまとまった軍事力も経済力もない。乱世を統べる能力もなく、あるのは武門の棟梁という埃をかぶった看板だけである。義輝が剣の道を極めようとしたのも、形骸化した将軍家としての誇りを取り戻すためだったのではないだろうか。戦国の乱世にあって、再び武士の頂点に君臨するには、それに相応しい将の器であらねばならない。

この時代には、主を持たず武に生きる腕に覚えのある武辺者がいた。廻国修行は黙認され、国によっては修行中の武芸者を手厚くもてなし、剣術指南を授けてもらうという文化があった。領主が熱心であれば仕官の道もあり、領主自ら教えを請うことも少なくなかった。義輝が師事した剣豪は2人いる。まずは生涯無敗を誇った伝説の剣豪・塚原卜伝。義輝は卜伝から指導を受けた直弟子のひとりで、奥義「一の太刀」を伝授されたといわれる。〝剣聖〟と呼ばれた上泉信綱は義輝に招かれて兵学を講じ、上覧試合で刀技を演じてみせた。それを見た義輝は「上泉の兵法は古今に比類がない。天下一というべし」と絶賛、信綱から新陰流剣術を熱心に学んだという。

京に戻った義輝は、細川家と三好家の争いに巻き込まれながらも少しずつ足場を固めていった。事実上、政権は三好長慶《ながよし》が握っていたが、義輝は各地の戦国大名との修好に尽力。各地の紛争調停を行うことで将軍の存在を認めさせていった。地方の実力者である上杉謙信や織田信長は義輝の命を聞き届け兵を率いて上洛している。

◈足利将軍家の誇りを守る

永禄7年（1564）7月に長慶が飯盛山城で病死すると、義輝の台頭を危惧した三好氏の重臣である三好三人衆（三好長逸、三好政康、岩成友通）と松永久秀は義輝を排除すべく暗躍。翌永禄8年（1565）5月、寺院参拝と称して兵1万2千を率いて二条御所を襲撃した。義輝はその前日に危機を察知して逃れていたが、将軍の権威失墜を恐れる近臣の進言を受け入れ、あえて二条御所に戻っていた。

敵の大軍勢に対して手勢は精鋭ながら150余り。圧倒的戦力差に義輝は自らの最期を悟り、全員に盃を取らせたという。

義輝は御所内にある足利家伝来の名刀を持ち出させ、すべて畳に突き立てると、自分は長刀を構え、敵勢へ身を躍らせた。剣豪将軍の鬼神のような一撃が敵兵を斬り裂くと、敵陣に動揺が広がったという。義輝は長刀が使い物にならなくなると再び御所内に戻り、突き立てた刀を抜いて戦い続けた。義輝は母・慶寿院から逃れるよう説得されたが拒否し、こう答えている。

「たとえ敵が賤しき者であり、身分において国士たる予にはるかに劣るとはいえ、予は密かに隠れて死にたくはない。一同の面前において公方らしく戦死したい」（『日本史』）

剣技を尽くして戦った義輝だったが、背後から足を槍で突かれ転倒、一斉にふすまで押さえ付けられ、その上から何度も槍を突き立てられ絶命した。

三日月宗近は将軍義輝の最期を看取った。しかしその刃は敵の血を吸ったかどうかはわからない。一説にはこの戦いにより足利家伝来の宝剣は三好・松永によって持ち去られたという。

小笠原政康《おがさわらまさやす》と鶯丸《うぐいすまる》

◆室町時代より、小笠原家と共にある鶯丸

宮内庁が所蔵する名物鶯丸。太刀銘を「備前国友成《びぜんのくにともなり》」という、刃長2尺7寸（約81・8センチメートル）、反り9分強（約2・7センチメートル）。友成は平安中期から後期にかけて活躍した備前鍛冶の祖と伝わる刀工であり、鶯丸は古備前派の中でも最も古いとされる格調高い一口である。号の由来はわからない。名族小笠原氏の一流、越前勝山藩の小笠原家に伝来したものだ。

小笠原氏は清和源氏の流れを汲み、甲斐・信濃を本拠にして各地に所領を広げた大族である。小笠原氏初代・長清は〝新羅三郎《しんらさぶろう》〟こと源義光の玄孫であり、父は弓の名手として高倉天皇に重用された加賀美遠光《かがみとおみつ》。小笠原の姓は高倉天皇から長清が賜ったとされる。長清も父に劣らぬ武人であり、治平・承久の乱で戦功を挙げ信濃守に任じられ、その後は鎌倉幕府の御家人として小笠原氏の基礎を築いた。

小笠原家に鶯丸がやってきた経緯ははっきりしている。受け取ったのは小笠原家11代大膳太夫政康。与えたのは〝くじ引き将軍〟と呼ばれた室町幕府6代将軍足利義教《よしのり》である。室町幕府は成立当初から政情は不安定で、天皇が奪われる可能性すらあったため、幕府は本拠を京とするしかなかった。しかし関東在地の国人をそのまま放置しておくことはできず、そのために出

先機関として鎌倉公方が置かれた。ちなみにこの補佐役となったのが関東管領である。

◆鶯丸を拝領した血塗られた経緯

義教は3代将軍義満の5男。聡明な人物ではあったが出世争いとは無縁と思われたため、元服前に出家し僧籍に入っていた。ところが5代将軍義量《よしかず》が早世し、その後も父である先代将軍義持が実権を握ったまま、後継指名を拒否して病死してしまった。その結果、くじ引きによって義教にお鉢が回ってきたというわけである。しかし義教は無位無官で、法体の者が還俗《げんぞく》して将軍になることなど前例がない。そのため関東で絶大な権力を握っていた鎌倉公方・足利持氏が将軍家を軽んじ、命令を無視して独裁を強めていった。その結果として永享《えいきょう》10年（1438）、永享の乱が勃発する。義教は将軍としての強権を発動し持氏を追討、持氏は自害して果てる。しかし持氏を支援した北関東国衆の怒りは治まらず、永享12年（1440）、持氏の2人の遺児、春王丸と安王丸を担ぎ出して再度戦いに臨んだ。これを結城合戦という。

小笠原政康は将軍義教の弓馬師範であり、永享の乱では持氏の軍勢を次々に撃破し勝利に貢献している。結城合戦でも主力として投入され、瞬く間に首謀者である結城氏朝らが立てこもる結城城を攻め落とした。落城寸前に女たちを乗せた輿が脱出してくると、その中に春王丸と安王丸を見つけた幕府軍は2人を捕らえ、京へと護送した。その途上、義教の命を受けた政康は美濃国垂井の金蓮寺《こんれんじ》で2人を殺害してしまう。春王丸は13歳、安王丸は11歳であった。義教は幕府に弓引く兇徒を討伐した政康を称え、鶯丸を与えた。

2人の遺児が斬首されたのは嘉吉元年（1441）5月16日。太刀と共に小笠原家に伝わる感状の日付はそれから10日後の5月26日となっており、「鶯太刀友成一腰遣すもの也」とある。以来、毎年3月15日には松尾神宮寺にて鶯太刀祭が行われていたという。

ただし騒乱はこれで終わりではなかった。義教が行った苛烈な幕府強化策は反発を招き、些細なことで激怒し処罰するという義教の過激な性格は近臣の離反という反動になって現れた。そして6月24日、結城合戦の祝勝会の席上で義教は現役の将軍でありながら反乱分子に軽々と首を刎《は》ねられてしまうのである。

後ろ盾を失った小笠原家は内紛により分裂するが、そのうち信濃松尾城に入った小笠原氏（政康3男光康。松尾小笠原氏）が家督を継いだ。しかし混乱は治まらず、応仁の乱を経て勢力は分散。松尾小笠原氏は一旦は居城松尾城を失ったが武田信玄に臣従することで旧領を回復、その後は織田氏、さらに徳川氏の陪臣《ばいしん》となることで勢力を伸長した。天正18年（1590）、家康の関東入部に伴って小笠原氏19代小笠原信之が武蔵本庄に1万石を与えられ大名となった。伝統ある名族という血筋は、それだけで容易に滅びにくいものなのである。

◆あるべき場所に還った幸運な刀

越前勝山藩は家康次男・結城秀康（後に松平氏を名乗る）が入った越前藩の数ある支藩のひとつ。その昔、武門において越前国といえば北国の要地といわれ、西国の要地である播磨に次ぐ重要な拠点とされてきた。越前藩68万石という領地高は前田利長の加賀藩が119万石、島津家久の薩摩藩が61万9千石余、伊達政宗の仙台藩が61万5千石であったことを考えれば、さすが家康の次男といったところである。家康にとってみれば、利家亡き後とあっても前田家に対する警戒は解いていなかったのかもしれない。ところが2代目藩主となった秀康長男・忠直はあまりの乱行ぶりから将軍秀忠の怒りを買い配流されてしまう。改易同然の処分だったが、徳川家との関係から越前藩はそのまま維持され、秀康3男・忠昌が3代藩主となった時に越前藩は50万石となり、その兄弟たちに分散して支藩が与えられた。その時に立藩したのが越前勝山藩である。

元禄4年（1691）、美濃国高須藩より小笠原貞信が2万2千石で勝山藩に入府した。貞信は信之の孫にあたる小笠原家21代である。こうして勝山小笠原家は終戦まで続き、ようやく伝家の宝刀・鶯丸にも安住の地が与えられた。

残念ながら維新後は流出の憂き目に遭うが、それでも鶯丸は幸運な刀であった。

明治40年（1907）、結城市を中心に陸軍大演習が行われた際、鶯丸と因縁浅からぬ場所として、内宮大臣の田中光顕《みつあき》が買い戻し明治天皇に献上。こうして鶯丸は約270年ぶりに禁裏へと帰還したのであった。

細川勝元《ほそかわかつもと》と乱藤四郎《みだれとうしろう》

◆珍しき乱れ刃が象徴するもの

『享保名物帳』には「かつて細川殿の乱藤四郎と云、出来替わり故の異名なり」と掲載されている。刀身に現れる刃文は日本刀の見どころのひとつで、焼き入れを行う際、刀身に焼刃土を塗ることによりさまざまな文様が生まれる。焼刃土の量や温度によって鋼が化学変化を起こし、二つとない刃文が浮き上がるのだが、その形状は大別するとまっすぐな直線を描く「直刃」と複雑な曲線が繋がり合う「乱刃」に分かれる。乱刃には焼刃の頭が丁子《ちょうじ》の実のように割れた「丁子」、丸い頭が規則的に連なる「互の目《ぐ》」など多くの種類がある。

刃文は焼入れの効果によって現れるものだが、刀工やその流派、時代によって傾向があり、藤四郎の多くは直刃であるものが圧倒的に多いとされる。名物帳で〝出来替わり〟といわれているのは、この藤四郎が珍しい乱刃だったためである。「乱」の名が冠されたのもそのためで、当初は『乱吉光』といった。

所有者であった細川殿とは細川勝元。足利氏の支流で三管領のひとつ細川氏当主（京兆家）で、応仁・文明の乱で東軍総大将を務めた武将である。

細川氏の祖は平安末期に下野の大豪族であった足利義康（源義家の孫）の子義清に始まる。孫の義季《よしすえ》が三河国額田郡の細川郷（現・岡崎市）に住んだため細川氏を称した。義季から4代目の細川和氏・頼春・師氏らは本家の足利尊氏に従って軍功を挙げ、建武政権の要職に就いた。一族を宗家よりも優遇する足利氏の家風はいつから始まったのかわからないが、細川一族は将軍の信厚く、四国を中心として畿内の一部、山陽の一国にまたがる7ヶ国の守護を兼任するという大勢力となった。

室町幕府2代将軍となった義詮《よしあきら》は臨終の際、阿波守護であった細川頼之を呼び、まだ10歳の嫡子春王（義満）を指差し、こう言ったという。

「我いま汝に一子を与えん」

こうして細川氏は幕府の管領として堂々と政治に関与していった。

◆乱刃は来たる戦乱の予兆だったのか!?

乱藤四郎の主であった細川勝元は頼之から数えて5代目となる。後に始まる戦国動乱で――勝元はその幕を切って落とした張本人のひとりでもあるのだが――、下剋上を繰り返してのし上がってきた群雄とは異なり、その地位や権力も一代や二代で築かれたものではない。細川氏は将軍家一門の大大名であるのは揺るぎのない事実であり、現実なのである。その後、勝利の証であったり、正統を誇示するための家宝などとして、まるで〃神器〃のように刀が奪い奪われた時代はまだ再来していない。少なくとも勝元はまだ、宝刀によって正統を主張したり権力を誇示する必要はなかったと考えられる。乱藤四郎は純粋にその珍しさから、高い教養を持つ文化人であった勝元の目に留まったのだろう。

それにしてもその刀の乱刃は、来たる戦乱の世を暗示しているようで象徴的である。

応仁元年（1467）から11年にわたって続き、京を壊滅させた応仁・文明の乱は、足利幕府の支配体制を表面上は平和的に取り繕っていたものがひとつの綻びから収拾が付かなくなり大乱に至った。この難局をコントロールできなかった8代将軍義政の責任も重大だが、その優柔不断ぶりというか、政治嫌いな部分は、「三管四職」という強力なシステムの弊害でもあり、無害で気まぐれな文化人であったはずの将軍自身に嫡男（義尚）が生まれたことで、期せずして起きてしまった後継問題がすべての騒動を敵と味方に振り分けて行った。そしてその時にたまたま三管領（斯波・細川・畠山）の筆頭に細川家があり、かたや同じく幕府の宿老である四職《しき》（赤松・一色・京極・山名）に山名宗全という実力者がいたことが混乱を増幅させてしまった。

『応仁記』によれば、寛正6年（1465）のある秋の夜に西南から東北の方向に光る物が空を横切ったといい、その様子は「サレバ大乱ノ起ルベキヲ天予メ示サレケルカ」と記されている。大乱の予兆はさまざまな場面に表れていたようで、乱藤四郎が勝元の手にあったのも、予兆のひとつだったといえるかもしれない。

永遠に続くと思われた京の都は荒廃した。街には狐や狼が棲み、たまたま焼け残った東寺や北野神社さえ灰や土のかたまりのようになった。長い戦いで仏教の教えも国の法も破壊され、諸宗もすべて絶え果ててしまった。

足利義政の右筆であった飯尾彦六左衛門は一首、歌を詠んでいる。

「汝《なれ》ヤシル 都ハ野辺ノ夕雲雀　アガルヲ見テモ落ルナミダハ」

応仁・文明の乱は幕府の権威を失墜させ、有力守護大名による連合政権という形でも幕府を維持できないことを示した。混乱は日本全土に飛び火し、地方統治においても守護大名の領国支配は崩壊した。こうして世は戦国時代へと突入していく。

乱藤四郎は形骸化したとはいっても辛うじて存続した足利将軍家に献上され、最後の将軍となった15代将軍義昭から、三好一族の攻撃から守った功を賞して近江国朽木の領主・朽木元綱に与えられたという。それからの経緯はわからないが、江戸時代には武蔵国忍藩主で、徳川3代将軍家光・4代家綱の2代にわたって老中を務めた阿部忠秋に下賜された。現在は個人所有となっている。

織田信長《おだのぶなが》と宗三左文字《そうざさもんじ》

◈今川義元を討ち取った記念すべき刀

作者は鎌倉時代末期から南北朝時代に活躍した筑前国の刀工・左文字源慶（俗名・安吉）。正宗の弟子であり、正宗十哲のひとりに数えられ、後に左文字派を興した。九州一と謳われた名工である。太刀は刃長67センチメートル、鎬造、棟丸、無銘。茎《なかご》表裏に金象嵌《きんぞうがん》文字が入れられている。

「織田尾張守信長」

「永禄三年五月十九日義元討捕刻彼所持刀」

織田信長が今川義元を討ち、自分のものとした刀であることが記されている。そのためこの刀は別名を「義元左文字」ともいい、こちらの名前で重要文化財に登録されている。

宗三とは畿内一円に勢力を伸ばした三好氏の一族で、管領細川晴元の重鎮として台頭した三好政長（入道宗三）。政長は急成長してきた三好宗家の三好長慶との同族争いで敗死してしまうが、宗三左文字は甲斐武田家の武田信虎に友好の証として贈られていた。信虎はその後、長女（信玄の姉／定恵院）が駿河の今川義元の元に正室として嫁した際に引出物としてこの刀を贈った。それまで敵対してきた今川家に対する〝甲駿同盟〟の証。義元はこの刀を非常に気に入り、自らの名を銘して秘蔵したといわれる。これで宗三左文字は名実ともに義元左文字となったわけである。

信虎との同盟はそれまでの盟友であった相模の北条氏綱が激怒するところとなり、その情勢に乗じて尾張の織田信秀も侵攻を開始したため、義元は二方面作戦を強いられる。しかし義元は類まれな政治力で緊張状態を維持しつつ、少しずつ領国拡大の布石を打ち始める。

織田家との間で政局が不安定となった三河の松平家は、西三河の松平広忠が義元に帰順、嫡男竹千代（後の家康）がこの時今川家に人質に出されている。義元は織田家の執拗な猛攻を跳ね除けつつ三河をゆっくりと併呑していった。

◆義元を踏み台に飛躍する信長

天文23年（1554）に武田・北条・今川氏による甲相駿三国同盟を締結させた義元は、次なる狙いを尾張に定める。すでに今川氏は駿河、三河、遠江の三国を治める強大な戦国大名に成長していた。

一方、尾張の織田家では天文20年（1551）に信秀が病没、家督を信長が継いでいたが、後継を巡り内紛が勃発、義元はその隙に乗じて徐々に攻勢をかけてきていた。そしてついに義元は2万超の大軍を率いて駿府を立った。永禄3年（1560）5月のことである。義元の目にはおそらく尾張ではなく、その先の情景が見えていただろう。ところがそれは幻に終わった。なぜならここで義元が信長に討たれてしまったからである。

桶狭間の戦いは、信長の勢いを世に示した奇襲戦となり、ここから信長は天下へと歩を進めるていくことになる。一方、一大勢力を築いた今川氏は義元というカリスマを失ったことで急激に没落、それに伴い近隣の勢力図も大きく様変わりした。つまり、この戦いは歴史上、最も華々しい逆転劇であるだけでなく、歴史を大きく動かした一戦でもあった。

5月19日正午ごろ、織田方の砦を落とした義元は悠々と桶狭間山と呼ばれる小高い丘に着陣し、休息していた。そこに信長が親衛隊2千を突撃させた。守備隊は約6千。信長親衛隊は寡兵をものともせず守備隊を斬り裂いていった。その時、天候が急変し巨大なクスノキが横倒しになったという。信長は先陣に加わり、槍を振り立てて叫んだ。

「旗本はこれなり。かかれ」

信長の目には義元が見えていたかのようだった。義元の乗った塗輿《ぬりごし》に信長の精鋭たちが群がると、義元の旗本たちが次々に討たれていく。義元は自ら刀を振るい反撃を試みたが、信長家臣・毛利良勝によって討ち取られた。

戦闘の詳細は実はよくわからないことが多いのだが、まず第一に信長自身に勝算があったのかどうかははっきりしない。それほど無謀な戦いであった。史料に残る信長はこの時、特に策を示したわけでもなく、ただ力攻めに攻めよとしか言っていない。たまたま信長が勝ち、運悪く義元は首を取られたとしか考えられない。となると、この戦いは信長の強運を象徴する一戦といえるかもしれない。それゆえだろうか、信長にとって義元から奪った宗三左文字の価値ははかり知れないものだったようである。

『信長公記』にはこうある。

「このたび義元が常に差していた秘蔵の名誉の左文字の刀を召し上げ、何度も試し切りをして、常に差すことにした。この合戦に勝った手柄は申すまでもないことである」

信長は前述した銘を左文字に打ち直して金象嵌とし、2尺6寸（約78センチメートル）の刃長を2尺2寸1分（約67センチメートル）と短く磨《す》り上げて自らの愛刀とした。

◆信長死しても左文字は焼けず

宗三左文字は信長が志半ばで横死した本能寺の変（1582年）で主と運命を共にしたと思われていた。しかし、どういう経緯をたどったのかわからないが、松尾大社（京都市）の神官から秀吉に献上されたという。信長の遺骸は見つからなかったが、不思議なことに肌身離さず持っていた愛刀だけは見つかったというのである。一説にはこの時、刀は焼けており、秀吉が焼き直したともいわれる。そして左文字は秀吉から秀頼に与えられ、家康に贈られた。家康は大坂の陣でこの刀を佩いた。因果なものではあるが、天下の趨勢を見守るのが宗三左文字の宿命であったのかもしれない。そして、天下人に最も愛された刀でもあった。

宗三左文字はその後、徳川家の重宝となって伝えられてきた。明暦の大火（1657年）で焼かれたが、再刃された。明治2年、京都市に信長を主祭神とする建勲神社《たけいさお》が創建されると、徳川家から宗三左文字が奉納された。こうして左文字は再び信長のものとなり、今に至っている。

豊臣秀吉《とよとみひでよし》と一期一振《いちごひとふり》

◆有能なれど、野心なく滅んだ越前朝倉氏

短刀作りの名手として知られる粟田口藤四郎吉光の手による唯一の太刀。吉光は生涯太刀はこの1振しか作らなかったといわれ、最高傑作という意味においても、その号は名高い。「吉光は主を切腹させない」と噂されるきっかけは畠山政長の薬研藤四郎だったが、一期一振も同様の評判を得て、越前朝倉氏の家宝だったとされている。

越前朝倉氏は足利一門で越前守護の斯波《しば》氏に属したが、守護斯波義敏《よしとし》と守護代甲斐常治《かいじょうち》が争った長禄合戦《ちょうろく》（1458年）で守護斯波氏が敗れるという波乱が起きる。朝倉氏も家中を二分して激しい戦いを繰り広げたが、守護代側に付いた朝倉氏7代孝景の活躍は目覚ましく、この

合戦の勝利に大きく貢献した。終戦後ほどなく常治が突然死去したため、実質的に勝者側の中心的存在となった孝景は、応仁・文明の乱を経て越前守護に叙任、本拠一乗谷を中心に栄華の時代を築くことになる。一乗谷は応仁・文明の乱で都を逃れた公家や高僧、学者らが集まり飛躍的に発展、天文年間（1532〜1555年）には最盛期を迎え、人口は1万人を超えたといわれる。この頃の朝倉氏は数々の武勲を挙げた朝倉宗滴《そうてき》をはじめ、優れた軍事力を保持していた。朝倉氏当主も文武両道を常とし、たとえば孝景は西軍の主力となった勇将であったが、日頃から家中に名刀や名槍に大金を使うよりも実戦の太刀を整えるよう命じたり、家柄がよくとも無能は奉行にしないなど、合理的な施策を進めた優れた政治家でもあった。ところが次第に名門意識だけが醸成され、野望なき戦国大名として滅びの道を歩み始める。

近隣諸国の戦国大名たちは朝倉氏をこう評した。

「わが持ち来る国ばかり長久と存じ、他国へ武道心をかけざるは、よそより、そのままおかぬものなり」（『甲陽軍鑑』）

同じ斯波氏の流れにあるためか、ことに信長を侮蔑した11代当主義景が逆に信長から激しい恨みを買ったのは無理もない。実力もないまま権力にすがり続ける義景こそ、信長が最も滅ぼさねばならない旧世界の象徴であった。そういう意味では朝倉家は一期一振のあるべき場所ではなかったのだ。

◆主を裏切らない名刀と孤独な天下人

一乗谷で義景が討たれ朝倉氏が滅びると、一期一振は毛利氏が所有するところとなり、その後、秀吉に献上されたという。その流れは、室町幕府最後の15代将軍・足利義昭の動きを彷彿させるが詳細はわからない。それはさておき、では天下人・秀吉の元が一期一振に相応しい場所だったのかというと、少なくとも当の秀吉にとっては、不釣り合いな代物ではあったようだ。というのも秀吉は、この貴重な一期一振を惜しげもなく磨り直させているからである。

秀吉は刃長2尺8寸3分（約86センチメートル）の剛刀を2尺2寸7分（約69センチメートル）にまで磨き上げたのだ。

『毛利家記』によれば秀吉に一期一振を献上したのは天正18年（1590）9月。小田原征伐直後のことである。拵は赤銅作りに桐紋があしらわれており、秀吉が目をかけていた〝毛利両川〟のひとりで、筑前など九州3国を領した小早川隆景によって献上されたという。この時秀吉は53歳である。朝鮮征伐を控えて意気盛んではあったが、さすがに常時佩刀するには一期一振はやや骨が折れる。宣教師ルイス・フロイスは秀吉の容貌について「背が低く、醜悪な容姿で、目が飛び出ており、支那人のように髭が少ない」（『日本史』）と書き残している。秀吉の身長については、はっきりしたことはわからないが、残された甲冑などから150〜160センチメートルと推測される。年齢のことを考えても、確かに身に余る名刀であった。

いや、身に余るのはどちらだったか。

足軽時代ならいざ知らず、天下を極めた秀吉が戦場で手ずから刃を交えることはまずない。にもかかわらず秀吉は並々ならぬ意欲で名刀を集めた。農民、さらに下ともいわれる賤しい身分から信長の小物として仕え、才覚と智謀、そして強運で戦場を生き延び、最後には関白太政大臣まで上り詰めた。まさに戦国の世、下剋上を過剰に象徴するほどの人物である。ただし秀吉は幾度も戦場に出て勝利を得てきたが、秀吉自身が剣技に優れていたわけでも武士の生き様を貫いたわけでもない。だが、天下統一の望みを果たした後も、その出自と前人未到の出世のせいで秀吉は自らの立場を何度も再確認せずにはいられなかった。それこそ古今東西の名刀を集めた秀吉が、無数のコレクションの中で特に愛用したのが一期一振であった。それは主を裏切らないと評判の吉光の名刀――、秀吉が日々側に置きたいと願ったのも無理はない。

◆秀吉から家康へ、一期一振のその後

『常山紀談』には次のような物語がある。

ある時秀吉は、家康を招き寄せ、集めに集めた蔵刀コレクションを自慢した。

「吉光の銘の物よりはじめて天下の宝というものはわが蔵に集まった。さて貴公の名刀宝物は何かな」

家康はしばらく考えたのち、こう答えた。

「私にはそのような名刀宝物はありません。ですが私のために火の中だろうと水の中だろうと飛び込む命を塵芥とも思わぬ武士《もののふ》が５００人がおります。彼らを召し連れれば世に恐れる敵などおりますまい。彼らこそ至極の宝物と思い秘蔵しておる次第です」

これにはさしもの秀吉も赤面し、押し黙ってしまったという。

一期一振はその後、豊臣家の至宝となっていたが、大坂の役で大坂城落城の折に焼けてしまった。家康は焼け跡から見つけ出した一期一振を徳川家の御用鍛冶・越前康継に命じて焼き直させた。こうして一期一振は、次の天下人である家康の手によって再び蘇り、尾張徳川家に伝来。幕末に孝明天皇に献上され、現在は御物として宮内庁が保管している。

板部岡江雪斎《いたべおかこうせつさい》と江雪左文字《こうせつさもんじ》

◆北条家の頭脳、江雪斎

鎌倉時代末期から南北朝時代に筑前国に住んだ刀工左文字の手による太刀である。「左」の一字銘を切ることからこの名があり、特に短刀を得意とした刀工のため在銘の太刀は非常に珍しく、現存するのはこの江雪左文字のみである。拵《こしらえ》はうるみ塗鞘と革巻柄の上品な作りで、これは家康が佩刀《はいとう》した時のままだという。この刀はかつて北条氏康・氏政・氏直の3代に仕えた北条氏家臣、板部岡江雪斎《いたべおかこうせっさい》の愛刀だった。

江雪斎は入道名で、北条家の祐筆や軍略、領内の裁判や他国との交渉事などあらゆる場面で活躍した多才な人物である。

『北条五代記』には次のように記されている。

「江雪を説いて言う。宏才弁舌人にすぐれ、其の上仁義のみちありて文武に達せし人なり。弓煎、評定の時も氏直一門、家老衆の中にくははり給ひき」

板部岡氏は北条氏の重臣で、氏康の側近家臣であったが当主の板部岡康男に嗣子がなく、養子として入ったのが江雪斎である。名を融成（ゆうせい／みちなり）という。元は田中姓を名乗ったというがはっきりしたことはわからない。伊豆国生まれであることは確かで、江雪斎の重用ぶりからみると、巷説にある伊豆に進出した北条早雲を助け討死した豪族の末裔という伝承も信ぴょう性がある。才能もあろうが、あらゆる重要な局面に必ず姿を見せているため、出自に北条家との特別な関係があったとしても何ら不思議ではないのだ。

『北条五代記』には「元来伊豆下田郷の真言坊主なり」と書かれている程度で、いつ、どこの寺院にいたのかは不明である。永禄11年（1568）には板部岡を名乗っていると考えられる。

◆江雪斎の失策と、北条家の終焉

上杉謙信、武田信玄、今川義元の強大な戦国大名に北条氏は全く引けを取っていない。むしろ、政治力では上回っていた面もあり、同盟を強化、または距離を置き時には解消しながら絶妙なバランスで勢力を拡大した。

元亀2年（1571）、江雪斎は病に倒れた主君・氏康の回復を祈り、鎌倉仏日庵に祈祷させているが、氏康が死去すると即座に激しく争っていた信玄との関係修復に動いた。これには氏康の遺言もあったとされるが、ものの数ヶ月で再び同盟を締結している。この立ち回りの機敏さこそ北条氏らしいところで、そのブレーンとなっていたのが江雪斎も含めた北条氏の評定衆たちである。後に〝小田原評定〟としてネガティブに語られる評定衆だが、それまでの政策をみれば実力は決して低くはないことがわかる。

だが、江雪斎の失点としてよく知られているのが、信玄の死を見抜けなかった一件である。ついに始まった西上作戦は、元亀4年（1573）4月、信濃駒場《こまんば》で信玄が急死するという思わぬ事態により頓挫する。その後の動乱を予測した信玄は最期に「死を3年間秘匿せよ」と言い残したが、信玄軍の突然の撤退に何らかの異常を嗅ぎ取った諸勢力は情報収集に動き出した。当時同盟関係にあった北条氏も同様で、同年7月、僧使として江雪斎が信玄の居館躑躅《つつじ》ヶ崎館《がさきやかた》を訪れた。なぜか訪問が許されたのは夜で、ろうそくの灯りもいつもより暗かった。江雪斎のみる限り家中には特に異変はなく、信玄は噂どおり病に伏せってはいたが健在だった。江雪斎はさっそく北条家に連絡した。

「只御病気に御座す」

武田家では遺言どおり信玄の死を隠した。亡き信玄の〝影武者〟を遅ればせながら務めたのは信玄弟の信廉《のぶかど》だったといわれている。

信玄亡き後の北条氏は、北条氏政が関東への攻勢を強める謙信と睨み合いながらも、氏政弟で謙信の養子・景虎（三郎）との関係性を維持し、同時に武田勝頼とも同盟を結びつつ、家康、信長とも協調して関東の地盤を強固なものにしていった。ところがすべての状況をリセットする大事件が発生する。遠い京で起きた本能寺の変は北条評定衆も予測不能の出来事だった。

信長亡き後の動乱を鎮め、北条排除を虎視眈々と狙っていた秀吉に対し、矛先をかわすべく交渉を進めていたのは江雪斎である。絶対的有利な秀吉による無理難題を江雪斎は、主戦派と従属派に割れる北条家をまとめつつ、平和的解決のために奔走している。おそらく秀吉はこの時、江雪斎という人物を高く評価していたに違いない。

天正17年（1589）11月、北条家臣・猪俣邦憲が真田氏の領有する上野国名胡桃《なぐるみ》城を謀略によって強奪するという事件が起きる。これを惣無事令違反として秀吉は即座に宣戦布告、ついに小田原征伐が起きてしまう。背景には秀吉、北条双方に謀略説が存在するが定かではない。

◆秀吉、家康も認めた、非凡の才覚

初戦こそ北条勢は果敢に戦ったが、さすがに総勢20万超の大軍を動員した秀吉の小田原征伐は戦うというよりも天下統一を誇示する一大パフォーマンスであった。小田原城は3ヶ月に及ぶ籠城戦に耐えるも、ついに降伏する。江雪斎は再び秀吉の元を訪れ主君らの助命嘆願を願い出ている。この時突然秀吉が激怒したという。

「汝は和平を約したのに名胡桃城を取った。あれは氏直の姦計か、それとも汝が偽りを申したか」

秀吉は怒り治まらず、手枷足枷を持ち出すと、江雪斎を庭に押し倒してさらに言う。

「憎むに余りある。汝は日本国の兵を動かし、主君の国を滅ぼしたのだぞ」

江雪斎は顔色も変えずこう述べた。

「氏直は約束に背くような心は持っていません。田舎侍が勝手にやったこととはいえ、主家である以上、北条も戦わざるを得ず、それは私などの考えではどうにもなりません。最後に日本国の兵と戦い抜いたことは武門の名誉といえましょう。さあ、早く首を刎ねてください」

秀吉はその言葉に表情を緩めて言った。

「汝を京に上らせて磔に架けようと思ったが、主君を辱めざる態度は立派なものだ。命を助けよう。わしに仕えよ」

江雪斎は秀吉の御伽衆《おとぎしゅう》に加えられ、姓を岡野と改め「江雪」から「紅雪」を名乗ったという。秀吉死後は家康に随従し、関ヶ原の戦いでは小早川秀秋の説得に当たるなど、相変わらず重要な局面に起用され続けた。江雪左文字は小田原征伐の降伏交渉の時に秀吉に献上されたと思われる。その後、秀吉から家康の手に渡り、家康が10男頼宣に与えたという。頼宣は初陣となる大坂冬の陣（1614年）で佩刀し、以来江雪左文字は紀州徳川家の重宝となった。

徳川家康《とくがわいえやす》と物吉貞宗《ものよしさだむね》

◆華美ならず、ものよし、質実剛健にして道を究むべし

貞宗は鎌倉時代の刀工で通称を彦四郎といい、伝説的名刀匠・相州《そうしゅう》五郎政宗の子、または養子と伝えられる。近江国高木で助貞と称して修行したともいわれる。在銘のものはないが、師風をよく継承した作風で相州伝の代表的な刀匠とされる。「物吉」は「ものがよい」に通じる家康の命名といい、その鋭い斬れ味から家康秘蔵の愛刀となった。

刃長1尺9分半（約33・2センチメートル）。平造で身幅広く、三つ棟、反りつく。刀身には表に大日如来、裏に金剛夜叉明王を表す梵字、表裏に蓮台、鍬形、さらに表側に三鈷剣、逆側には素剣が彫られている。

家康の死後、物吉貞宗は側室お亀の方（相応院）から尾張藩初代藩主で実子の9男徳川義直に与えられ、以来、尾張徳川家の守り刀となった。常に歴代藩主の側にあり、重要な行事には必ず懐剣としたという。尾張徳川家では「物吉」の異名は、この刀を帯びて戦に臨めば必ず勝利を得たことにちなむと伝わる。

戦国の世では、吉凶は戦場における行動原理の基本を作る。あらゆる武将が勝機を拾うべく神に祈り、吉兆を占ったが、家康は大黒天を信仰したことで知られる。大黒天は大国主命に通じ福の神と同時に軍神、戦闘神でもあった。ある時、大黒天の霊夢を見た家康は大和国の甲冑師に命じ、大黒天の頭巾を模した兜を作らせた。家康は小牧・長久手の戦い（1584年）以降、重要な合戦では必ずこの兜を身に着けたと伝えられる。後に秀吉の御伽衆《おとぎしゅう》のひとり曽呂利新左《そろりしんざ》衛門《えもん》は家康に対し、大黒天の神髄を説いた。

「大黒は眉高く、さらに頭巾を着る。そのこころは、上を見ず、すなわち驕る心なくして分相応を守っておれば自然と幸福が訪れるということです」

まるで家康の野望をたしなめるような物言いだが、対して家康は静かにこう返した。

「昔から〝うへな見ぞ（上を見るな）〟と〝身のほどを知れ〟の五字七字を守れば貴賤を問わず幸いを得るという。だが極意はまた別にある。刀は常に磨いて鞘に入れ、養生怠りなく一命を捨てる時に備える。それと同じように、大黒の頭巾もいつか脱ぐ時が必ず来るということだ。すなわち〝うへな見ぞ〟という狭い意味に留まるべきではないと知ることが大黒の極意なのだ」

このように、家康の縁起担ぎは独特の解釈が伴う。

◆家康が望んだ、刀の霊力

家康も信長、秀吉に劣らず刀剣コレクターであった。名刀の数々は物吉貞宗同様、将軍家をはじめ、御家門の守り刀となり、あるものは家康を祀る東照宮に納められた。

久能山東照宮には霊剣・ソハヤノツルギが奉納されている。御在世品、つまり家康が生前に所用していたものだ。この太刀は平安後期の筑後国三池光世《みつよ》の作といわれ、駿河国の御宿《みしゅく》氏伝来の名剣を当主源左衛門貞友が家康に献上したものと伝わる。茎の佩表《はきおもて》には「妙純傳持《みょうじゅんでんじ》ソハヤノツルキ」とあり、裏に「ウツスナリ」とある。〝妙純〟が持っていた〝ソハヤの剣〟の〝写し〟ということになるようだが、詳細ははっきりしない。謎多き太刀なのである。

家康は臨終に際してこう言い残したという。

「この剣の威をもって子孫の末までも鎮護せん。我亡き後は久能山に収めよ」（『徳川実紀』）

ソハヤノツルギは奉納前に生きた罪人で〝生胴〟を試し斬れ味を確認した後、あえて血を拭わずに枕元に置き、家康は自らの神霊を留めんとした。そして自らの墓所に、西国に鋒《きっさき》を向けて置くように遺言したと伝えられる。これは豊臣方の残党を調伏するための呪術的な意図があったと考えられている。

家康はかねてから「久能山東照宮は駿府の本丸」と久能山を特に重要視しており、この地を埋葬地とした。日光東照宮は東照宮の総本社的存在ではあるが、久能山から分御霊したものであり、家康は死して守護神となり西国の睨みを利かせようと考えたのである。また史料によれば家康は他界するまで脇差を肌身離さず持っていたという。

◆大将たるもの自ら剣を抜かず

かつて秀吉は家康の刀を次のように評している。

「大勇で一剣を頼りにするようなことはない。別に取り繕うこともなく、また人目を引くような刀でもない。それが家康という男の志に叶った刀だ」(『名将言行録』)

華美ならず、極めて質素な拵でありながら、比類なき性能を秘める。家康が好んで愛刀としたのはそんな刀である。さりとて、家康が個人として武勇に長けていたかといえば、決してそんなことはなく、卓越した戦略や戦術論、采配の妙もなければ、家康が剣を振るって人を斬ったという逸話も持たない。しかし家康は大将たる者の剣はいかなるものであるべきかを熟知した戦国武将であった。

姉川の戦い(1570年)で首2つを実検に供した奥平信昌《おくだいらのぶまさ》の働きを絶賛した家康は「剣法を

誰に学んだか」と問うた。信昌が「奥山流を学んでいる」と答えると家康は「では奥山急加斎《きゅうかさい》であろう」と言い、自らもその流儀を学んでいたが久しく稽古をしていないと答え、「帰陣の上は奥山を呼んで対面しよう」と付け加えた。

奥山急加斎は〝剣聖〟上泉信綱《かみいずみのぶつな》に学んで新陰流《しんかげりゅう》を極め、奥山流を開いた剣豪であり、後に徳川将軍家の剣術指南役となった人物である。家康はこのほかにも新当流《しんとうりゅう》の有馬時貞に学び、奥山の後継として一刀流の小野忠明を剣術指南役に迎えている。

文禄3年（1594）、家康は新陰流の柳生石舟斎《やぎゅうせきしゅうさい》を召して直々に手合わせを申し出た。家康53歳、対する石舟斎は70歳である。天下に聞こえた〝無刀取り〟を試そうと家康は木刀で打ちかかったが、丸腰の石舟斎は一瞬の動きで家康の木刀を宙に跳ね飛ばした。感服した家康はその場で門人の礼を取っている。家康は石舟斎の子宗矩《むねのり》を家臣に迎え、後に柳生新陰流は将軍家御流儀となった。

家康は間違いなく剣術を極めた武将である。しかし大将自ら人を斬る必要はなく、自ら剣を振るうようではもはや負け戦である、というのが家康の持論であった。

剣術を単なる兵法としてではなく、剣を通じて修養に役立てようとした理念はまさに剣豪に通じる。天下の名剣を手にした者が、誰しも天下人になれるわけではない。それでも徳川幕府の世が剣によって開かれたのは事実なのである。

江戸の世に家督を繋いだ実力者

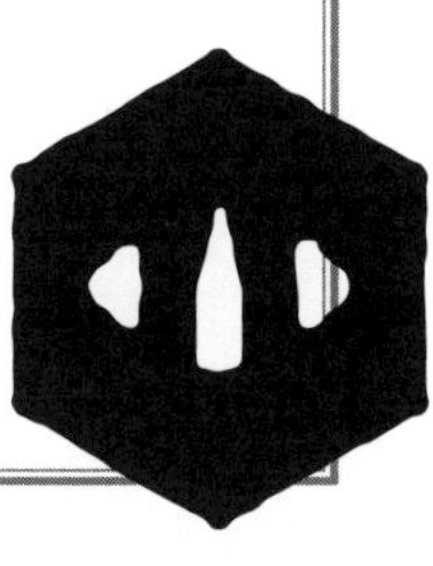

織田信雄《おだのぶかつ》と鯰尾藤四郎《なまずおとうしろう》

◈霊獣の力を秘めた神秘の藤四郎

粟田口藤四郎吉光作の脇差。長巻（長い柄を付けた太刀）だったのを磨り直したもので、ふくらが付いた形状が鯰の尾に似ていることからこの名がある。「鯰藤四郎」とも呼ばれる。切っ先に横手のない菖蒲作り。この菖蒲も鯰もどちらも武威を示すモチーフとして武将たちに好まれた〝縁起物〟である。

古来から地震国であったわが国では、鯰はなじみ深い生き物だった。地震の前に動物の異常行動が見られるというのは昔からよく知られており、秀吉も伏見城普請を担当した前田玄以に宛てた手紙に「ふしみのふしん、なまつ大事にて候まま」と書いている。くれぐれも鯰に気を付けよということで、その甲斐あって伏見城は無事落成するが、慶長伏見地震（1596年）で倒壊。戦国末期は大きな地震が頻発したが、つくづく秀吉は肝心のところで天下との折り合いがよろしくない天下人であった。

鯰は地震を起こす霊力を秘めた霊獣と考えられており、武将たちはその神秘的で強大な力にあやかろうと、こぞってモチーフにした。巨大な烏帽子のような鯰尾形兜もそのひとつで、蒲生氏郷や前田利長、堀直寄のものが知られている。

鯰尾藤四郎の主としてよく知られているのは織田信雄である。信長側室の生駒吉乃を母とする信長次男。幼名は茶筅《ちゃせん》丸。一説によれば弟・信孝よりも後に信雄が生まれたが、信長への報告が遅れたために次男とされたともいわれ、また生母の身分が関係していたとする説もある。いずれにしても信長の実子であり、次男ともなれば政治の道具としての利用価値は高く、12歳の時には北畠氏との和睦条件として北畠家へ養子に出されている。

そして当主・具房《ともふさ》の父である具教《とものり》の娘を娶《めと》って、北畠具豊《ともとよ》と称するようになる。それから5年後には家督を相続するも、翌年には北畠一門を抹殺。〝赤鬼〟と恐れられた信長の実子らしい激しい気性の持ち主であったことがわかる。

◆暗愚の将か、時勢を読み違えた織田信雄

ただ、信雄には〝暗愚の将〟なる有難くない異名もある。信長の一大事である本能寺の変の際には、明智光秀を追うも兵力が心許ないと撤退。それでも織田家の後継者を目指し、織田姓に戻して「信雄」を名乗るようになるわけだが、信長3男の信孝が秀吉に反旗を翻した際にはあっさりと秀吉方に付いている。すでに秀吉による支配体制は盤石であり、信孝の挙兵は謀反であったことから、この判断はわからなくもない。こうして賤ヶ岳の戦い（1583年）が起き、信孝―勝家連合は壊滅した。これも予想できたことではあるが、信雄はそこから先、秀吉が主君と仰いでくれるだろうと安易に考えていた節がある。

秀吉が利用価値のある信雄の〝血統〟を利用したのは確かで、名目上の主君として扱ってはいたが、実権を握っていたのは秀吉ひとりである。

その後の状況を宣教師ルイス・フロイスはこう見ている。

「地歩を固め企図したことが成就したと見るやいなや、彼（秀吉）はがぜん過去の仮面を捨て、爾後は信長のことにはなんら構わぬのみか、成し得ること万事において信長を凌ぎ、彼より秀でた人物になろうと不断の努力をした」（『日本史』）

秀吉は信長の孫・三法師を安土に住まわせ、信雄に後見になるよう命じ同居させていた。ところが突然三法師を近江坂本城に押し込め、信雄も所領を与えて遠ざけてしまった。

京を追い出された信雄は伊勢・尾張・伊賀を領する一大名となった。秀吉は書状で何か望むものがあれば書状を送るよう申し伝えてきた。とてもではないが、天下を望む状況には程遠い。信雄は不満を募らせた。

天正12年(1584)1月、紀州の雑賀一揆が和泉岸和田城の中村一氏を攻めた。一氏は紀州攻めの最前線におり、事態を重くみた秀吉は一揆鎮圧の動員を始める。その矢先、信雄は反秀吉の行動に出た。

3月6日、信雄は宿老である岡田長門守(重孝)、津川玄蕃頭(義冬)、浅井田宮丸の3人を紀伊長島城に呼び出し殺害した。3人は秀吉に人質を差し出していたこともあったが、その立場から信雄に秀吉に逆らわないよう諫言していた可能性が高い。意に沿わぬ発言に信雄が激昂、怒りのままに3人を斬り捨てたのが真相ではないだろうか。この時用いられたのが鯰尾藤四郎だったといわれる。記録によれば信雄は、岡田を家臣に抑えつけさせ自ら斬ったとある。

信雄が宿老3人を殺害したことを知った秀吉は、不思議なほど短時間で軍備を整えて出発したという。信雄は家康と共同戦線を張り、秀吉軍を迎え撃った。小牧・長久手の戦いの始まりである。

◆戦国を生き延び、晩年を謳歌

戦いは秀吉軍10万、信雄・家康連合軍6万が激突する大規模なものだったが、一部で激戦が行われ秀吉軍の池田恒興、森長可が戦死するなどの被害を出したのち、ほどなく膠着状態に陥ってしまう。合戦から半年以上が経過すると双方の厭戦ムードが極限に達し、秀吉の講和を信雄が独断で受け入れ双方は撤退する。戦争の大義名分を失った家康も三河に帰国し、戦いは山場のないまま幕を閉じた。

この時信雄は金20枚、兵糧2万5千俵のほか、国行の脇差と腰に差していた刀を進上して臣従の態度を示したという。信雄の一貫性のなさは、結局江戸以降も大名として血脈を存続させることになるのだから、優れた処世術といえなくもない。信雄は徳川家の信望も厚く、大和国、上野国など5万石を与えられ、鷹狩りや茶などに興じつつ、73歳で大往生を遂げた。

鯰尾藤四郎は秀吉愛用の脇差となり、秀吉亡き後、秀頼に与えられたといわれる。大坂城には数々の名刀が保管されていたが、大坂城が焼け落ちた際にその多くは失われてしまった。しかし奇跡的に見つけられた刀はいくつか存在し、鯰尾藤四郎も焼けた状態で見つかった。家康は幕府御用達鍛冶の初代越前康継に焼き直させた。家康の死後、尾張徳川家に伝わり現在に至っている。

秋田《あきた》実季《さねすえ》と秋田《あきた》藤四郎《とうしろう》

◆秋田の名族、秋田氏所有の藤四郎

短刀「銘吉光」。鎌倉時代中期の名工・粟田口藤四郎吉光の作である。持ち主は北方の名門安東氏の後身で北出羽を領した秋田氏の秋田実季《さねすえ》。そのため〝秋田藤四郎〟の名で呼ばれている。国の重要文化財に指定されており、現在の所有者(個人)から京都国立博物館に寄託されている。

東北地方には蝦夷討伐の軍事的制圧のための拠点がいくつかあり、日本海側の出羽国には行政拠点として庄内に出羽柵《いではのき》が造営され、後に移設され秋田城となった。秋田城には国司と軍兵が派遣されたため「秋田城介《じょうのすけ》」という新たな官職が設置された。陸奥国に置かれた鎮守府将軍と並ぶ蝦夷の反乱を鎮める北方防衛の要であり、天皇の勅命を受けるため優れた武士に与えられる名誉職でもあった。

本来は安東氏であった実季が秋田に名乗りを改めたのは、武門の誉れであった秋田城介を号したためである。

安東氏は津軽地方の十三湊《とさみなと》を本拠地として北出羽から下北半島までを勢力下に治めた武士の一族だったが、鎌倉末期に東北に進出した南部氏に所領を奪われ、北出羽の檜山郡と秋田郡にそれぞれ檜山安東氏と湊安東氏に分裂し発展した。安東氏の嫡流に当たる檜山安東氏(下国家)

は「東海将軍」「日之本将軍」と呼ばれ、出羽と蝦夷地の交易権を掌握、海上輸送を手掛ける〝海の領主〟として成長した。一方、湊安東氏（上国家）は史料に乏しく、実態はわからないことが多いが、中央との交流が確認されていることから、同じように出羽湊の交易により周辺の国人領主たちと関係を築いていたと考えられる。

◆秋田藤四郎は船旅でやってきた？

秋田実季は檜山安東氏第8代当主・安東愛季《ちかすえ》の次男として生まれた。愛季は分断していた安東氏をひとつにまとめ、戦国大名化を成し遂げた傑物として知られる。

戦国時代といえば下剋上だが、東北地方においてはあまりみられない。鎌倉期以降の国人領主の力は絶対的であり、配下には領主を倒すほどの実力者が育たなかった。安東氏の場合も南部氏に追われはしたが、家中は分裂したもののあくまで平和的に北出羽を領していた。しかし天正15年（1587）、愛季が病死したためわずか12歳の実季が後を継ぐと、その継承を巡って「湊合戦」と呼ばれる内紛が起きる。実季にとってはいきなりの試練であった。

天正17年（1589）2月、愛季の弟である安東茂季の嫡男・通季《みちすえ》が、出羽角館《かくのだて》の戸沢氏や横手の小野寺氏と結託して反乱を起こしたのである。通季は湊城を奪って実季を追い詰めたが、実季は檜山城に籠城し5ヶ月にわたって耐え、〝由利十二頭〟と呼ばれる豪族衆が参戦すると形勢を逆転。この戦いに勝利したことで支配は盤石なものとなった。ところがこの戦いが起きたのは不幸にも秀吉の奥羽仕置前年であったため、惣無事令違反《そうぶじれい》として、旧領の3分の1が没収されてしまう。これにより太閤蔵入地（秀吉の直轄地）が設定され、実季は厳しい領国経営を迫られることになった。

中央からは〝田舎大名〟とみられていたが、実季は和歌や茶に秀でた文化人であった。京の風雅を出羽にもたらしたのは船による交易だった。それは太閤蔵入地の設置と無関係ではない。北出羽から京には大量の杉材が運ばれ、その代金は太閤蔵入地の産出米から支払われた。そのため北出羽には中央から代官が派遣され、北陸や畿内から多くの商人たちが訪れていたのである。実季は領内に土崎湊、能代湊を整備し、北陸や畿内の豪商が北出羽に拠点を設置、都との交易は活況を呈した。このルートによって秋田藤四郎は実季のもとにやってきたのかもしれない。

しかし実季にとっての高価な買い物はもしかすると、吉光の名刀よりも正室の円光院だったかもしれない。名門細川氏の本流にして正五位《しょうごい》上・細川右京太夫昭元を父に、母は織田信長妹お犬の方。そして徳川時代になると2代将軍秀忠の正室お江とは従姉妹同士の間柄となるのである。なんといっても格が違う。不遇の晩年も実はこのあたりに原因があったのだろうか。

ともあれ実季は秀吉との信頼向上に努め、遠路はるばる朝鮮出兵にも参陣している。秀吉が死ぬと即座に徳川家康に接近し、関ヶ原の戦いでは東軍として横手の小野寺氏を攻めるも、山形城主の最上義光から裏で談合があったと讒訴《ざんそ》された。実季は必死に弁明し難を逃れたが、常陸国の佐竹氏の秋田転封に伴い、常陸国宍戸に移封される。5万石の小藩であった。それでも宍戸藩主となった実季は心機一転、大坂夏の陣（1615年）では天王寺口の戦いで先鋒を務めた。ところが大将の本多忠朝が討ち取られるなど思わぬ大損害を出してしまう。

不幸は続く。宍戸藩を継いだ長男・俊季《としすえ》は幕府に忠勤を尽くしたが、たちまち財政が底を突いた。元々実季とは不仲だったのだが、実季が倹約を拒否したことで亀裂は決定的となり、藩の運営にまで支障が出る始末になった。このことで実季は幕府に呼び出され、ひとり伊勢山中の朝熊《あさま》に配流されてしまう。背後には円光院の働きかけがあった可能性もあるだろう。熟年離婚で捨てられる夫の悲哀を感じさせなくもない。

◈配流された安住の地で大往生

朝熊では終《つい》の棲家として一軒の草庵が与えられたという。東北の名門出の武将にしては確かに不遇ではあるのだが、俗世を離れた老武将にとってはそれほど悪い暮らしではなかったようで、元々学のあった実季は監視役であった禅寺の住職と歌や詩を作りあって過ごしたという。また実季はこの地で自分に生き写しの木像を作らせている。造立は承応2年（1653）。衣冠束帯の僧形像で、おそらく死期を悟って作らせたものだろう。この像は今も福井県小浜市の羽賀寺に現存する。北出羽の領主だった安東氏にゆかりのある寺で、実季も領主時代から数多くの宝物を寄進している。

草庵での生活は実に27年に及び、実季は84歳の大往生を遂げた。そのころ、秋田氏は陸奥国三春へ転封になっており、当主は孫の盛季《もりすえ》が継いでいた。秋田氏は三春藩主として幕末まで続いた。

伊達政宗《だてまさむね》と燭台切光忠《しょくだいきりみつただ》

◆伏見城の奇縁、政宗と秀吉

伊達家には『剣槍秘録《けんそうひろく》』という蔵刀目録があり、入手した経緯を細かく記録してある。それによると、政宗は慶長元年(1596)ごろ、太閤秀吉から〝光忠〟を下賜されたとある。

秀吉は隠居後の住まいにすべく伏見指月(京都市伏見区)に伏見城を築いたが地震により倒壊したため、めげずにすぐさま2つ目となる木幡山伏見城の建造に取り掛かった。そこに政宗は御座船を一艘献上した。長さ35間の朱塗りの船だったという。秀吉はたいそう喜び、この備前光忠を与えたという。備前光忠は鎌倉中期の備前国の刀工で、長船派を開いたことで知られる。

豪壮な乱刃は信長も愛好し、二十数振を所有していたといわれる。

伏見城――。この城に政宗は苦い思い出がある。

政宗の初陣は天正9年（1581）5月、15歳の時である。翌年の6月に信長は横死し、政宗が東北統一に動き出しはじめたとき、秀吉は天下に君臨しようとしていた。信長46歳、秀吉44歳、徳川家康38歳。この年齢差はいかんともしがたく、せめて政宗がこれらの天下人と同世代であったなら、その後の歴史は大きく変わったはずである。

最初の伏見城を築いたのは文禄元年（1592）だったが、その前年、葛西大崎一揆を鎮圧していた政宗のもとに秀吉から、一揆討伐は後回しにして即刻上洛せよとの朱印状が届く。奥州の監視役として会津に入った蒲生氏郷は、正体不明の敵から攻撃を受けたことから政宗に疑念を抱き、状況を逐一秀吉に報告していた。さらに氏郷の手には政宗による一揆を扇動する密書があり、そこにはご丁寧に政宗の花押まで入っていたのである。

「在京の政宗夫人は偽者である」「一揆勢は伊達の幟を持っていた」。政宗異心は衆目を集め、ついに渦中の政宗が上洛する。天正19年（1591）2月、前年の小田原参陣同様、白装束姿をまとった政宗は、今度は行列の先頭に磔柱《はりつけばしら》を押し立てて京の町に姿を現した。そして秀吉の前で本物の花押は鶺鴒《せきれい》の目に当たる部分に針先で穴を空けてあるとして、密書は真っ赤な偽物である、と堂々と述べたのである。

秀吉は持っていた杖を政宗の頭に押し当てて言った。

「その方が上京してこなければ死を命じていたが、すぐ馳せ上ってきたので許してとらす」

秀吉好みのパフォーマンスだとしても、それでも生死を賭けた上洛であることに変わりない。実力の違いを前提に、政宗の天下人・秀吉の情に訴える策はとりあえずは成功した。この時ばかりは親子ほどの歳の差は有効に働いた。だが、この一件で政宗は米沢城72万石から岩手沢城(岩出山城に改称)58万石に減転封されている。政宗の言い訳に耳を貸したようでいて、秀吉の沙汰はあくまで〝有罪〟だったのである。

◈備前光忠はなぜ燭台切と呼ばれたか?

あれから5年。表向きには何の恩賞ももらえてはおらず、決して優遇されているとはいえないが、政宗はすっかり秀吉に気に入られている。京には2つ目の伏見城がその威容を現し、落成を間近に控えていた。政宗は早速秀吉から贈られた備前光忠を腰に帯び、伊達家の普請場に出仕した。そこに巡視にやってきた秀吉は、政宗の姿を認めると供回りの小姓衆にこう命じた。

「あれは昨日、政宗に盗まれた刀である。さあ取り返せ」

小姓たちが一斉に政宗のもとへ殺到すると政宗は笑いながら小姓を突き飛ばして半町ほど逃げた。それを見て秀吉は呵々と笑い、「盗人であるが許そう。あれは政宗のものなのだ」と小姓を制し、こうして備前光忠は晴れて政宗のものになったという。

備前光忠が〝燭台切〞と呼ばれるようになったのにはある逸話がある。

不祥事を起こした小姓を自ら成敗しようと備前忠光を抜いた政宗だったが、小姓は恐れをなして逃げてしまった。唐金の燭台の後ろに小姓が隠れているのを見つけると、政宗は燭台もろとも小姓を斬り殺した。それ以降、この刀は〝燭台切光忠〞と呼ばれるようになったという。

伊達家の『剣槍秘録』には燭台切光忠についての詳細な説明がない。この目録がまとめられたのは寛政元年（1789）といわれ、その当時にはすでにこの名刀は伊達家に存在していなかったためである。

家康11男で水戸藩初代藩主・徳川頼房が政宗邸を訪れた際に、燭台切光忠の由来を聞いてどうしても譲ってほしいと懇願したが、どうしても政宗が応じなかったため、強引に持ち帰ってしまったといわれる。それ以来燭台切光忠は水戸徳川家に伝来することになったという。

◆必要とされたのは名刀の物語

「元和偃武《げんなえんぶ》」という言葉がある。慶長20年（元和元年／1615年）の大坂夏の陣で、応仁・文明の乱から150年近く続いた戦乱の時代が終わったという意味である。偃武とは、中国古典『書経』に由来し「武器を偃《ふ》る＝武器庫にしまう」ということ。以降、名刀は武威の証や正統性を示すことよりも、政治的な意味が俄然大きくなった。現物はなくても、どこから来てどこに行ったかさえわかっていればよく、その事実だけで権威は十分守られたのである。伝家の名刀も、行く先が御三家であれば政宗に拒否する理由はない。

なお水戸藩の蔵刀となった燭台切光忠は、維新後も旧水戸藩下屋敷（小梅邸）に保管されていたが大正12年（1923）の関東大震災で焼失した……と思われてきた。しかし焼刃の状態ではあるが現存しており、徳川ミュージアム（水戸市）が保管している。焼刃となっても、その優雅な佇まいは失われていない。

伊達政宗《だてまさむね》と大倶利伽羅《おおくりから》

◆その偉容から政宗の陣刀と伝わる

倶利伽羅剣とは龍の力を秘めた、不動明王が持つ智恵の利剣。大倶利伽羅はその名を「名物大倶利伽羅広光《ひろみつ》」といい、刃長2尺2寸3分（約67・6センチメートル）、鎬造、重ね厚く大切先の堂々たる業物である。刀工は相州五郎正宗の門人、初代広光。南北朝時代の相州鍛冶を代表する名工である。在銘の太刀は現存せず1尺程度の作が多い。大倶利伽羅も無銘である。刀号は佩表《はきおもて》に大きな倶利伽羅（剣巻龍）の彫刻が施されているため。武家が台頭すると、このように倶利伽羅や素剣、護摩箸《ごまばし》などの刀身彫刻が好まれるようになる。中でも不動明王を意味するモチーフは多い。

大倶利伽羅は東国大名が中心に行った元和6年（1620）の江戸城普請で、2代将軍秀忠から伊達家に褒賞として贈られたものといわれる。伊達家の蔵刀目録『剣槍秘録』には、仙台在国中の政宗に代わり次男忠宗が拝領したとある。すでに長男秀宗は伊予宇和島藩を継いでおり、忠宗は後の仙台藩2代藩主となる人物である。以来大倶利伽羅は伊達家の重宝として伝来した（現在は個人蔵）。その威厳を湛えた佇まいのせいだろうか、大倶利伽羅は藩祖政宗が常に軍陣で帯びていた業物であると言い伝えられてきた。

◆政宗の腰の物は正宗でなかった？

政宗が所持したと伝えられるのはその名のとおり「正宗」が知られている。

相州五郎正宗といえば古来から名刀の代名詞のように語られているが、実態はよくわからない。相模国鎌倉に住み、鎌倉時代末期から南北朝時代初期に活躍した名刀匠で、在世中から多くの弟子に慕われた。その中には郷義弘《ごうのよしひろ》、備前長船兼光、志津三郎兼氏《しづさぶろうかねうじ》ら世に「正宗十哲」と称される伝説的な刀工も輩出している。

江戸時代になると空前の正宗ブームが起き、諸大名は競うように正宗を差料にしたという。

そんなある日、登城した政宗はある大名に腰の物を尋ねられた。殿中であるため脇差である。

「やはり陸奥守殿ともなれば正宗なのでしょうな」

「もちろん正宗である」

しかしそれは嘘であった。政宗は屋敷へ戻ると、早速正宗を探させた。しかしあるのは伝正宗の刀しかない。政宗はやむなくその刀を磨り上げ、脇差に仕立て直したという。政宗はその脇差に「振分髪《ふりわけがみ》」の号を付けた。これは『伊勢物語』にある「比べきし振り分け髪も肩過ぎぬ 君ならずして誰かあぐべき」から名付けたもの。「かつてあなたと長さを比べあった髪も長くなりました。あなた以外に結い上げてくれる人はいない」という意味の歌で、要はあれほどの名刀を磨り上げて脇差にするなど自分以外にはできないだろう、という諧謔《かいぎゃく》が込められている。

◆現実を認めながらも、天下の大望を捨てず

ところで政宗は天下の夢を抱いていたのだろうか。秀吉死後は家康と結び、天下分け目の関ケ原へと続いていったが、しかし最後まで政宗は家康に完全に服従してはいなかった。後に領地を安堵するという「百万石のお墨付き」をもらってもなお、政宗は独自に領地回復を目論んだのである。そして天下が落ち着いた慶長18年（1613）、今度は慶長遣欧使節をエスパーニャ帝国（スペイン）の国王フェリペ3世、およびバチカンのローマ教皇パウルス5世のもとに

派遣する。使節の主目的は仙台藩とスペインの通商交渉であったとされるが、エスパーニャ帝国との軍事同盟、さらにはそれを利用しての倒幕計画があったとする説もある。実際にフェリペ3世に謁見した支倉常長《はせくらつねなが》は、

「わが君奥州王政宗が予を派遣したのは、その位と領土とを陛下に献じ、大国と結ばしむためだ」

と語ったといわれる。

しかし一方で政宗は、戦乱の世が遠いものとなったことをよくわかっていたようでもある。政宗は上方から団助という遊女を招いて歌舞伎興行を行い、家康の歓心を買っている。このことは加藤清正が「太刀のいらぬ太平の世であるから、歌舞遊興で月日を暮らせばもはや謀反を起こそうという者もなくなるだろう」と称賛し、さっそく真似て自らも歌舞伎興行を打っている。また、政宗の江戸屋敷が火災にあった際には、邸を改築しようとした政宗を家臣たちが諫めたという。軍を維持する費用も少なくなく、それに土木のことが加われば、何かあれば対応ができなくなるというのだ。政宗は笑って答えた。

「これからは平和なのだから、何か事があれば幕府に頼んで軍費を出させればよいのだ。あるいはまた敵でも討って糧でも分捕ってみせようかの」

晩年の政宗は3代将軍家光から〝伊達の親父殿〟と呼ばれ慕われた。家康を神と敬う家光に

とって、政宗も同時代を生きた神にも等しい英雄だったのである。政宗は家光に召されて茶を賜ったり酒宴に招かれたりしていたが、常に老体には不釣り合いの大脇差を好んで差していた。いつも脇差を脇に置いて進み出ていた政宗を家光は気遣ってこう言った。

「そちは老年のことであるから脇差は帯びたままでよい。そちがどう思っておるか知らんが、世はそちのことは少しも気遣ってはおらん。気にせず酌み交わそうではないか」

思いがけない将軍の優しさに政宗は感涙を止めることができず、「御両大（家康・秀忠）の頃ならば身命をなげうって汗馬《かんば》の労をいたしましたのは身に覚えがありますが、上様には何も忠勤がましきことはしておりません。老臣の短い老い先に御恩遇を被るとはありがたきことです」と答えるのが精いっぱいだった。

その日、政宗はいつになく酩酊し、前後不覚となって家光の前でいびきをかいて寝てしまった。近習《きんじゅ》が側に置いてあった政宗の大脇差を持つとその軽さにひっくり返りそうになった。不思議に思いひそかに大脇差を抜くと中身は木刀だったという。

蜂須賀正勝《はちすかまさかつ》と蜂須賀虎徹《はちすかこてつ》

◆秀吉の天下取りを見守った側近

長曽弥虎徹興里《ながそねこてつおきさと》が手掛けた虎徹は、大名が競って差料とした高級品であった。人気が高いことから必然的に多くの贋作が出回り、「虎徹を見たら偽物と思え」という標語は刀剣業界でも常識的に用いられるフレーズとなった。

大名家伝来の虎徹の中でも、阿波徳島藩・蜂須賀家に伝来した〝蜂須賀虎徹〟は、金色の拵が存在を際立たせる名品である。虎徹の名乗りは特別のものであるのは言わずもがな、まがい物ばかりが横行する中に、本物らしさをさらに際立てる豪壮な装い。そのわかりやすさは、黄金の茶室をしつらえた関白秀吉にも通じる感性である。

徳島藩蜂須賀家は、若き秀吉に付き従い天下人になるまで間近で見守った側近中の側近、蜂須賀正勝、通称小六を藩祖とする。

『甫庵太閤記』などでは、小六は野盗の出であるとされている。このイメージはかなり強烈で、おかげで講談や通俗小説、さらには現在でもドラマ化された際には無精ヒゲを生やした武骨な大男といったキャラクターで描かれるのがお約束。だが野盗というのは創作の可能性が高い。そもそも蜂須賀氏は美濃国に接する尾張国海東郡蜂須賀郷（愛知県あま市蜂須賀）を領した国人で、川並衆のひとつであった。川並衆とは主に水運業を生業とし、一旦戦争が始まれば鉄砲や刀を持って戦場で荒稼ぎする野武士集団だった。秀吉の城攻めは大掛かりな土木工事を伴うものが多く、しかも即座に実行に移す上で、小六のようなテクノクラートの存在は見逃せない。

小六は秀吉が重用した竹中重治（半兵衛）、黒田孝高（官兵衛）の〝二兵衛〟という天才軍師のおかげで見落とされがちだが、合戦の重要な局面には必ずその姿があった参謀のひとりであり、秀吉の天下統一にはなくてはならない存在だった。

◆秀吉の活躍の陰に小六あり

実際のところ、小六がどのようにして秀吉配下となったのか、その経緯ははっきりしない。信長に仕え、桶狭間の戦いにも参戦しているのは確実だが、合戦が終わればその関係も終わる。それが川並衆である〝蜂須賀衆〟のやり方だった。蜂須賀氏は土豪としてはさほど大きくないが、川並衆として木曽川に本拠を置き、尾張と美濃、伊勢の間で絶妙なバランスを保って生き延びてきた。

秀吉が信長から重用され、頭角を現し始めたのは、永禄8年（1565）前後のことと考えられる。信長が美濃国松倉城主・坪内利定に知行を安堵する書状を出しており、その添え状が秀吉名義となっている。これが秀吉の初見文書といわれているものだ。利定は川並衆のまとめ役だったといわれ、小六とも関わりが深い人物。ちょうど信長は美濃攻略の足がかりとして土豪の懐柔策を進め、その役割を担ったのが秀吉だった。具体的にその先鋒を務めたのが小六や前野長康などの土豪たちで、彼らの働きがなければ美濃攻略は成しえなかった。そして、この美濃攻略は秀吉にとっても出世の大きな足がかりとなったのである。

この中で小六が果たした大仕事のひとつとして挙げられるのが墨俣《すのまた》一夜城である。

一般に流布している説では、秀吉は総兵力2千人を投入、建築資材を木曽川の上流で筏の上で仮組みし、敵の攻撃を防ぎつつわずか3日間で城を造ったという。造営には川並衆が大きく寄与したといわれ、もちろん小六も率先して参加したとされている。

長良川西岸の墨俣の地は交通上・戦略上の要地で、戦国時代以前からしばしば合戦の舞台となっていた。秀吉がここに城を築くと言い出した時、小六はまったく相手にしなかったという。墨俣は敵地であるばかりか、川や沼地が複雑に入り乱れる難所。そんな場所に城を築くなどとは……。

秀吉の説得に首を縦に振らない小六に、弟小一郎（秀長）が言う。

「稲葉山攻めでは力を貸していただいたが兄者だけが褒賞され申し訳ありません。ですが今度の戦いでは失敗すれば命はないとわかっています。大した名声も持たぬ我らはこの度の戦に全てを賭ける覚悟です」

秀長の必死の願いに心を動かされた小六は、困難とは知りつつも墨俣城建設に力を貸したといわれる。困難な事業ではあったが、この前代未聞の一夜城が信長の美濃攻略における重要な拠点となった。

ただし、この墨俣一夜城に関しては不明な点が多く、存在そのものから疑問視されている。それでも、秀吉が信長の美濃攻略に大きく貢献したのは事実であり、小六をはじめとした川並衆がその実行部隊を務めたことは決して否定されるものではない。美濃攻略の後、信長は北近江の浅井長政攻略に際して、早速秀吉を敵将の切り崩し工作に向かわせている。浅井氏を攻め滅ぼした後、秀吉は近江国に琵琶湖を望む長浜城を築城、天正元年（1573）、ついに秀吉は一国一城の主となった。この時、小六は長浜領内に所領を与えられている。

◆秀吉の重臣から親徳川路線へ

秀吉の場合、譜代の家臣や国衆を持たず、一代で一国一城の主となったため、自ら近習や馬廻衆を組織し、少ない血族で一門衆を組織するしかなかった。特に初期の家臣団は信長から与えられた「与力」が大多数で、与力の中からやりくりして家臣団を形成している。小六もそのひとりで、長浜に所領を与えられたことで秀吉の家臣となったと推測される。

小六はその後も秀吉に従い、三木城攻防戦での戦功を評価されて天正9年（1581）に播州龍野城を与えられている。この三木城攻防戦の最中に竹中重治が病死しており、これも重治亡き後の重責を全うした小六の働きを秀吉が評価した証なのかもしれない。

小六は秀吉の天下統一事業に付き従い、中国、四国平定戦の武功により阿波一国を与えられるが辞退し、嫡男の家政に譲り渡した。その後、秀吉の側近としての生涯を貫き、大坂城外の御殿山屋敷にて没した。

家政は打って変わって親徳川路線を表明、関ヶ原合戦、大坂の陣で戦功を挙げ、その地位を不動のものとした。時代の波を読む才覚は、さすがの川並衆といったところかもしれない。

黒田《くろだ》官兵衛《かんべえ》とへし切長谷部《きりはせべ》

◆信長より下され、黒田家の家宝に

「へす」は「圧す」と書き、強く押し付ける、または押しつぶすという意味である。相手を圧倒する、打ち負かすという意味もあるが、「へし切る」といった場合は前者の意味になる。この妙な名前は、そう呼ばれるに至った恐ろしい逸話によるものだ。持ち主は織田信長。この刀は世に〝第六天魔王〟を称した、かの天下人の人となりを示す1振なのである。

作者は相模国鎌倉に住んだ長谷部国重。南北朝時代に活躍した山城国の刀工で、一説には鎌倉の名工相州五郎正宗十哲のひとりといわれる。元は大太刀であったものを刀に仕立て直しており、その実物は国宝に指定され、現在も福岡市博物館で見ることができる。

ある時信長は、無礼を働いた観内なる茶坊主を手討ちにしようとこの刀を取った。ところが観内は必死で逃げ回り、ついには台所の御膳棚の下に隠れてやり過ごそうとした。信長は観内が御膳棚の陰に隠れているのを知ると、刀を御膳棚の上から押し付けて観内もろとも真っ二つにしてしまったという。信長の激情家ぶりとその仮借なき激しい攻撃性が刃に乗り移ったかのような逸話である。

この刀は織田信長、豊臣秀吉の下で名軍師として活躍した黒田官兵衛（孝高）に下賜され福岡藩黒田家に代々伝えられてきた。茎《なかご》の表には「黒田筑前守」と銘が切られ、裏には「長谷部国重本阿」の金象嵌が施されている。黒田筑前守は官兵衛の嫡男で福岡藩初代・長政、「本阿」は鑑定者である本阿弥光徳を示している。いずれも長政の代になって彫られたものであり、附属の拵は、その外観から「金霰鮫青漆打刀拵《きんあられさめあおうるしうちがたなこしらえ》」と呼ばれ、こちらも黒田家家宝「安宅切《あたかぎり》」を模したものとなっている。

◆信長が期待をかけた、名軍師官兵衛

黒田家旧蔵の『黒田家御重宝故実』には〝圧切御刀〟の来歴とともに（膳棚の下から茶坊主を斬ったとしている）、信長公から官兵衛に贈られたと記されている。一方、本阿弥正三郎の『名物三作』（弘化2年）には長政が秀吉から拝領したとなっている。ただしこの記述は誤伝であると注釈が付けられており、実際には御着城主小寺政職《こでらまさもと》の使いとして官兵衛が信長に面会した際、中

国攻めへの協力に対する恩賞として与えられたものだという。信長の愛刀として知られているのは「へし切り長谷部」と「宗三左文字」が有名だが、官兵衛に対する評価の高さは信長が無二の愛刀を贈ったことからもよくわかる。

官兵衛は秀吉の天下取りを支えた名軍師として知られるが、元は信長の家臣である。

播磨国の土豪であった黒田氏は、播磨一帯を治めていた小寺政職に臣従。播磨国は守護大名赤松氏の内紛を経て、勢力を急激に伸長する2大派閥、織田氏と毛利氏の覇権がぶつかり合う地と化していた。ここで迷わず織田氏を選択したのが姫路城代であった官兵衛だった。官兵衛は信長の勢いと将来性に賭けたのである。

天正3年（1575）7月、官兵衛は政職の名代として岐阜を訪れ、播磨国侵攻に際して織田軍の先導役を申し出ている。信長はこの時に「へし切り長谷部」を与えた。難題山積の中国攻めを前にして、信長は官兵衛に大きな期待をかけていたのだ。

織田氏に臣従したことにより、毛利氏の攻撃は激しさを増した。織田と毛利が火花を散らす最前線にあったのだから当然である。翌天正4年（1576）5月、小早川隆景の水軍の将・浦宗勝が総勢5千の大軍を率いて海路から姫路に上陸。姫路英賀《あが》城の三木通秋はかつて官兵衛と同盟を組んでいたが、本願寺の門徒であったことから信長に叛旗を翻し、毛利軍を招き入れたのである。官兵衛は即座に近在の農民らを集めて幟を押し立てさせ、自ら率いた500ばかりの兵の後ろに配置すると、上陸後、油断している毛利—三木軍を急襲した。あたかも雲霞《うんか》のように押し寄せる小寺勢に驚いた敵兵は総崩れになったという。この戦いの後、官兵衛は長男の松寿丸（後の長政）を臣下の証として信長のもとへ送っている。

10月になると信長の命を受けて秀吉が播磨に下向。官兵衛は姫路城を掃除して秀吉を迎え中国平定への策を取り決めた。秀吉は官兵衛の智謀に感心し、兄弟の契りを結んだという。この頃、中国平定の緒戦である播磨国平定戦で、官兵衛は名軍師と名高い〝半兵衛〟こと竹中重治とともに先陣を切っている。世にいう〝二兵衛〟のそろい踏みである。この頃、秀吉が官兵衛に送った書状にはこうある。

「其方の儀は我ら弟小一郎め同然に心安く存じ候間」

小一郎とは秀吉の弟・秀長を指し、これが〝人たらし〟と呼ばれた秀吉の人身掌握術であるとしても、官兵衛に対して肉親同然の信頼を置いていたことが読み取れる。

◆敵城の牢獄から生還し、半兵衛の遺志を継ぐ

連戦連勝の播磨国平定戦だったが、天正6年（1578）3月、それまで信長に従っていた別所長治が周辺豪族を引き込んで反旗を翻すと、7月には信長重臣の荒木村重が謀反を起こす。主君の小寺政職も呼応する動きを見せたことから、官兵衛は説得するため単身、村重の籠もる

有岡城に乗り込んだが、そのまま牢獄に閉じ込められてしまう。この時幸いにも村重は官兵衛の命を取ることまではしなかった。

しかし、帰還しない官兵衛が裏切ったとして、信長は人質として差し出されていた松寿丸を殺害するように秀吉に命じた。この窮地を救ったのが竹中重治である。重治は松寿丸処刑を自ら任じて秀吉の居城・長浜城に向かうと、松寿丸を自身の領地である菩提山城に匿った。

翌天正7年10月、官兵衛は総攻撃に乗じて有岡城に突入した家臣によって救出された。秀吉は変わり果てた官兵衛の姿に「すまぬ」と号泣したと伝えられる。

官兵衛は松寿丸の命を救った重治の行為に深く感謝し、恩を忘れぬよう竹中家の家紋を貰い受けている。さすがの信長も己の命令を悔いたといわれ、重治の機転に大いに喜んだといわれる。

天正8年（1580）1月、およそ2年を要してようやく三木城が落ちる。すでに主君・小寺政職は毛利氏に寝返っていたため、この頃から官兵衛は秀吉の与力となり、黒田姓を名乗り始めたと考えられる。三木城攻略中に竹中重治が病死し、遺された采配や軍配団扇は官兵衛が譲り受けた。軍師官兵衛の本領が発揮されるのはここからである。

松平直明《まつだいらなおあきら》と明石国行《あかしくにゆき》

◆国行がたどった数奇な運命

来派一門の事実上の始祖とされる来国行作の1振。播州明石藩松平家に伝来したためこの号がある。刃長は2尺5寸（約76・5センチメートル）、焼幅が広く踏張りの強い刀身は中鋒《ちゅうきっさき》猪首《いくび》の堂々たる姿で、細部に来派の特徴が見て取れるがその気品は段違いである。国行会心の作とされる。

国行といえば信長の愛刀だった不動国行が知られる。不動明王の彫物が刻されていたためこの名がある。足利将軍家の蔵刀だったが、永禄の変（1565年）で第13代将軍足利義輝が暗殺され、松永久秀の所有するところとなった。『信長公記』によれば、久秀は信長上洛の際に〝この世に二つとない〟と称された茶入れ「九十九髪《つくもがみ》」を献上して大和一国を安堵され、さらに薬研藤四郎吉光を献上。その後、久秀は信長に反乱を試みるが諦め、多聞城を明け渡す際に〝天下に二つとない名刀〟不動国行を差し出している。信長は不動国行をいたく気に入り、酒席で興が乗ると自分の持つ天下の名宝として「九十九髪」、家臣の丹羽長秀《にわながひで》、そして不動国行の3つを挙げたといわれる。

本能寺で信長が討たれた後、不動国行は明智光秀の重臣明智秀満が所持していたが秀満も秀吉に攻められ、籠もる坂本城は落城寸前となった。秀満は光秀敗死の報せに接し、もはや勝負が決したことを知ると、秘蔵の太刀や書などを集めさせ、寝具に包んで目録を添え、天守から城外に放り投げた。この時、秀満はこう叫んだという。

「堀監物殿（秀政）へ渡されよ。この道具は私ならぬ事、天下の道具なれば、是れにて滅し候事は傍若無人と思し召すべき候間、相渡し申し候」（『川角太閤記』）

この中に不動国行、二字国俊、薬研藤四郎があったという（新身《あらみ》国行との説もある）。命よりも天下の名宝の行く末と、失うことで自身に降りかかる汚名を案じた秀満は、これで心置きなく自害して果てることができた。ただし、光秀が愛刀とした倶利伽羅の吉広江の脇差だけは渡さなかった。劫火で崩れ落ちる天守の中で秀満は、亡き光秀に届けるべくその脇差を腰に差し、光秀の妻子および一族の者たちを刺し殺して死出の旅へと赴いたのだった。

不動国行はその後、徳川家の重宝となり、明暦の大火によって焼刃となるも再刃された。重要美術品に認定されていたが太平洋戦争前後に行方不明となっている。

◈不遇の御家門に伝わった名刀国行

明石国行は来国行唯一の国宝で、どのような経緯で明石松平家に所蔵されたのかは定かではない。この藩は家康次男・結城秀康を家祖とする名門の分家であるため、所持していたのはさほど不思議ではないのだが、実態は決して恵まれた藩というわけでもない。藩の成立からして不遇である。

明石藩は元々姫路藩領。所詮は外様大名の悲しさで藩祖池田輝政の孫光政が幼年を理由に元和3年（1617）に因幡鳥取藩に転封されると同時に、分割された中小藩のひとつで、信濃国松本藩より小笠原忠真が10万石で入封して明石藩は始まる。忠実は明石城と城下町を整備し、明石港を整備するなど藩の基礎を築いた。寛永9年（1632）に豊前小倉15万石に加増移封された後は、将軍家の信任が厚い譜代と御家門が頻繁に入れ替わった。明石は西国と大坂・京を繋ぐ要所だったためである。

その後藩主となった本多忠勝の曽孫に当たる本多政利は、相続争いに不満を抱いたことから幕府に対する批判的態度を咎められ、藩政不行届として陸奥岩瀬藩1万石に減転封。徳川四天王の一角は自壊の道を辿り、入れ替わる形で、御家門の越前大野藩から松平直明《なおあきら》が6万石で明石に入った。こうして天和2年（1682）から廃藩置県まで越前松平家の支配が続いた。直明は結城秀康6男松平直良を父に持つ。これも徳川の血統か、嗣子に恵まれたがゆえのお家騒動というべきか、越前藩も改易の瀬戸際に立たされた藩であった。

◆武士の誇りか、御家の存続か

藩祖秀康は慶長12年（1607）に34歳の男盛りで死去したため、長男忠直は13歳で越前一国68万石の太守となった。叔父である将軍秀忠の一字を与えられ、さらに秀忠の3女勝姫を正室に迎えて万全のスタートを切ったものの、家臣同士の知行地を巡るいざこざが殺人の応酬となり、ついには家老同士の武力衝突が発生。この騒動は幕府が介入するところとなり、重臣らが次々と処分された。御家門でなければ改易は免れない不祥事であった。慶長20年（1615）の大坂夏の陣で忠直は汚名返上とばかりに奮戦した。なにせ20歳の晴れ舞台である。大坂城一番乗りを果たし、真田信繁を討つなどの破格の働きに家康は「勲功第一」と褒め称えた。しかし参議の官職以上の恩賞はなく、忠直は不満を募らせた。徳川嫡流のプライドは恐ろしく高かったのである。

忠直は江戸への参勤を怠り、放蕩に耽り、命令に従わなかった家臣に兵を向け、一族郎党を殺害するという暴挙を行った。さらには「正室殺害計画」が漏洩するに至って、ついに秀忠も看過できず忠直の配流を決定。元和9年（1623）、忠直は豊後萩原に強制隠居となった。

こうして越前藩は残された兄弟たちに分割再整備された。この時秀康3男直政が5万石で立藩したのが越前大野藩である。6男直良の子・直明が襲封《しゅうほう》し、その後1万石加増の6万石で明石藩にやってきた。直明は兵学を重視し藩に教学の風を吹かせた功績はあるものの、美女を集め放蕩三昧だったともいわれる。ただし御家門で6万の石高は長年のコンプレックスであったようで、天保11年（1840）、11代将軍家斉の26男斉宣《なりこと》が嫡男を押しのけて強引に8代藩主に就任したことで2万石を加増、ようやく明石藩は8万石となった。斉宣は就任あいさつのために御三家に赴くが、いずれも10万石以下のため正門からの入場を拒まれ、側門へ回されるという仕打ちを受ける。これに怒った斉宣は父家斉に2万石の加増を懇願したが、老中が猛反発。間を取って10万石並みの格式だけが与えられ、これ以降、御三家の正門を通過できるようになったという。

2万石の加増、さらには格式を求めただけの藩主招来は余計なものまで招いてしまったようで、明石藩は莫大な支出増により財政難にますます拍車がかかった。明石国行も幾度となく流出の危機に晒されたことに違いあるまい。

小笠原忠真《おがさわらただざね》・黒田忠之《くろだただゆき》と博多藤四郎《はかたとうしろう》

◆主は名君忠真と暴君忠之

粟田口藤四郎吉光作の短刀で長さ8寸1分半（約24・6センチメートル）。平造で反りがほとんどなく、小杢目肌よく練れ地沸つく。『享保名物帳』に追記され、豊前小倉藩初代藩主小笠原忠真が筑前福岡藩2代藩主黒田忠之から譲られたものという。忠之が博多の豪商から手に入れたものといわれ、忠之の嫡子光之が、忠真の長女市松姫を正室に迎えた関係から贈られたと考えられる。どちらも〝忠〟は2代将軍秀忠の偏諱ではあるが、実に忠義一辺倒であった小笠原忠真と、お家騒動で改易の危機に立たされた黒田忠之。持ち主の性格がここまで極端に違うのも珍しいのではないだろうか。

◆家督を譲るのもはばかられた黒田の御曹司

黒田忠之は世に聞こえた名軍師・黒田官兵衛の孫。だが、ひと言で彼を評するとすれば〝暴君〟である。生きるか死ぬかの戦場を必死に生きた官兵衛、長政が得た大領・筑前52万石。〝戦後〟生まれで祖父、父の苦難とは全く無縁の御曹司・忠之にはロクなエピソードがない。わがまま放題で派手好き、まわりを寵臣で固め、気に入らない意見には耳を貸さなかった。長政は何度も廃嫡を考えたといわれ、長政危篤の際も忠之は別邸で謹慎処分を受けていたほどである。結局、筆頭家老・栗山大膳（利章）のとりなしで辛うじて2代目藩主となったが、この時のエピソードもまたひどい。

長政は3男の長興《ながおき》に家督を譲ろうと決め、忠之に書状を送った（次男は早世）。書状はかなり厳しい内容で、2千石で百姓をするか、1万両で大坂で商人になるか、1千石で寺院を開創し出家するか、その3つのうちから選ばせるというもの。このあまりに無慈悲な3択には日頃から忠之の行状に頭を痛めていた大膳も忠義の心を燃え立たせ、〝今こそお家の危機を救うべし〟とばかりに仲裁に入った。これも〝黒田八虎〟の筆頭・栗山利安(善助)の血統ゆえであろう。大膳は忠之に、「辱めを受けるぐらいなら切腹すべし」と勧め、自らも藩士を集めて血判状を取り、廃嫡をすれば藩士の嫡子も全員切腹すると長政に迫った。長政はこの申し出に折れ、大膳を後見人にする形で忠之の家督相続を認めた。大仕事を成し遂げた大膳は、早速忠之に藩主としての心得を説くべく決まり事を文書にして送った。ところが忠之はこれに激怒。大膳が書いて寄越した文書が飲酒の心得や早寝早起きなど、まるで子供を諭すような内容だったためである。ここから忠之と大膳の確執は深まり、忠之は大膳を敵視するようになっていく。後の〝黒田騒動〟の始まりである。

周囲の心配どおり、藩主の座に就いた忠之の乱行はさらにひどくなる一方だった。小姓から仕えていた倉八十太夫《くらはらじゅうだゆう》を側近にし1万石を与えると、大金を投じてご禁制の大型船・鳳凰丸を建造させた。かと思えば、十太夫が町民に嘲られたと聞くと、家臣に命じてその町民を探し出させて斬り殺した。また、博多の豪商・神屋宗湛《かみやそうたん》が秀吉にも官兵衛にも譲らなかった家宝の茶器・博多文琳《ぶんりん》を脅して差し出させ、長政の遺言であると強引に召し上げた(黄金2千両は払っている)。このあたりの〝博多爆買い〟から忠之は博多藤四郎を入手したのではないだろうか。

◆命がけで小笠原家を守った苦労人忠真

一方、小笠原忠真は信濃守護小笠原氏の末裔。名門の出であるが苦労人であった。祖父・貞慶は武田信玄に信濃を追われ、織田信長、徳川家康に従って大名となったが、仕えていた家康宿老・石川数正が突如秀吉方に寝返ったため、小笠原家も秀吉方に付かざるを得なくなる。ここで家督を継いだ秀政だったが秀吉の勘気に触れ改易、改めて家康に仕え、下総古河3万石から順調に加増し、慶長18年（1613）にはついに本貫の地であった信濃に復帰、松本8万石が与えられた。ようやく安定の兆しが見えたかと思いきや、大坂夏の陣（1615年）で秀政と家督を継いでいた長男忠脩《ただなが》が戦死してしまう。そこで重傷を負うも生き残った次男忠真が当主となったが、この時の犠牲が評価され明石藩10万石に加増移封され、さらに小倉藩15万石と出世を果たした。位置関係を考えれば、小倉藩は幕府としては外様大名を見張る重要な藩でもある。

忠真は常に父と兄の〝忠死〟に襟を正した忠義の人だった。亡き兄の正室を妻に迎え、兄の死後に生まれた遺児・長次を引き取って養育し、播磨龍野藩6万石の大名に育て上げている。忠真は忠之から贈られた博多藤四郎を惜しげもなく陣刀として扱ったといわれ、その理由を尋ねられるとこう言ったという。

「父も兄も戦場で死んだのだ。武士の最期に必要なのは名刀よりも陣刀である」

忠真の元には剣豪・宮本武蔵が仕えたとされ、島原の乱（1637年）に55歳にして参戦している。忠真の命で宝蔵院流槍術の高田又兵衛と仕合をしたのもこの頃である。

◆戦場ではっきりわかる主の器

〝暗君〟忠之も評価すべきところは少しだけだがある。往々にして鋭すぎる人間は勘違いされる傾向にあるが、祖父官兵衛も秀吉との主従関係、長政との父子関係において、双方に波風を立たせている。名軍師の心の内を知る者は限られた重臣のみで、秀吉との齟齬は修復されず、長政に家督は譲っていたものの、関ヶ原の戦いでは九州を縦横無尽に暴れ回っている。父子の断絶がそのまま忠之にも受け継がれたとすれば、黒田騒動の遠因はもっと早くからあったのかもしれない。

忠之にあえて評価すべきところを見出すとすれば、福岡藩草創期からの高禄の功臣や宿老たちを排除しようとしたことだろう。これは官兵衛が長政に言い残していたことだが、長政はそれができなかった。ある意味では、家臣団を整理して、藩主専制体制を強化しようとしたという意図も読み取れなくはない。あくまで贔屓目にみての話だが……。

忠真と忠之の力量の差は島原の乱にも表れている。

忠真は甲冑姿で先陣に立ちこう言ったという。

「大坂の陣で父と兄と共に失うはずであったこの命は、今こそ汝らと共に捨てるべき時ぞ。他藩に遅れて家名を辱めるな」

その手に博多藤四郎が握られていた…かどうかはわからない。

一方忠之は、黒田藩の失地回復と抜け駆けの功名を焦るあまり、多くの家臣を失ったのであった。

刀剣格言集①

相槌を打つ【あいづちをうつ】

刀鍛冶が交互に槌を打ち合って刀を鍛えることから、相手の話に調子を合わせて受け答えすること。

折紙付き【おりがみつき】

折紙＝鑑定保証書を指し、保証できるというたとえ。

地金が出る【じがねがでる】

研ぎを繰り返して心鉄が露呈するように、隠していた本性が出てしまうこと。

鎬を削る【しのぎをけずる】

激しく競り合うこと。鎬が削れるほどのぶつかり合いから。

切羽詰まる【せっぱつまる】

切羽とは鍔を挟み固定する金具で、身動きができないほど追い詰められているさまをいう。

反りが合わない【そりがあわない】

刀身と鞘の反りが合わないように、互いの相性がうまくいかないこと。

太刀打ち【たちうち】

太刀で打ち合って戦うことから、真正面から競争すること。

第3章

「祟」「化物」「正体不明」主が立ち会った、名刀とその奇縁の逸話

物の怪溢れる時代の頼み、災いを祓う霊刀

一条天皇《いちじょうてんのう》と小狐丸《こぎつねまる》

◆神が打ち上げたのは数あれど、相打つことで生まれた霊剣はそうはなし

相手の話に調子を合わせて受け答えをすることを「相槌を打つ」という。これは刀作りから生まれた言葉だ。

刀を鍛錬する時、焼いた鋼を縦横に折り返しながら槌で叩き固めていくが、主鍛冶は沸いた鋼を金床で返しながら槌を打ち、対面の弟子たちが相槌を入れていく。弟子たちは師の槌を読んで意図する刀を形にすべく、正しい力加減で的確に叩かなければならないため、相槌は弟子の中でも腕の立つ者が務める必要がある。

この相槌を〝小狐〟が務めたというのがこの「小狐丸」である。

作者は平安時代の刀匠・三条宗近。京三条に住んだためこの名があり、三条小鍛冶宗近とも呼ばれる。小鍛冶とは刀鍛冶を意味し、対して大鍛冶は鋼を作る職人を指した。

宗近の名声は広く知られ、ある日、宗近の下に〝英明の天子〟として名高い一条天皇（986〜1011）の勅使が訪れた。天皇は「宗近を召し、御剣を打たせよ」という霊夢を見たといい、宣旨を携えた勅使は、早速剣を作り天皇に献上せよと命じた。宗近は青くなった。自分の思い通りに相槌を打つ者がいないのに御剣など作れるわけがない。宗近は事情を話し断ろうとしたが、「名匠たる刀鍛冶の言い分とはとても思われない」と勅使は聞き入れない。やむなく宗近は不安を抱えながらも勅命に従うことにした。

しかしどうにも相槌は見つからない。進退きわまった宗近は神にすがるほかないと考え、氏神の稲荷明神へ助けを求めて参詣した。すると道すがら宗近に声をかける者がある。そこにいたのは見たこともない童子である。童子は宗近の名どころか帝から剣を作るよう命じられたことも知っており、狐につままれたような宗近にこう語って聞かせる。

「天に声あり。壁に耳あり。岩がしゃべる世の中よ。帝からの御用なのだから光が暗いはずがない。帝の恩恵で必ず御剣は完成するだろう」

童子はさらに、漢王の三尺の剣、煬帝のけいの剣、日本武尊の草薙剣など剣の威徳を語って聞かせたあと、勅命の御剣を打つ準備をして待っているように言い残し、夕闇に沈む稲荷山へと姿を消した。

宗近は家に戻ると身支度を済ませ、鍛冶檀を整えた後、神に祈りを捧げた。

「この刀は天下を治め給う帝の御勅命。十万世界の神々よ、私に力をお貸し下さい」

するとまたも童子の声がする。

「勅命の剣を打つ時が来た。思い通りにするがよい」

その童子こそ稲荷明神であった。稲荷明神は檀の上に音もなく立つと、宗近に三拝して「鉄はどうした？」と尋ねる。宗近はおそるおそる鉄を差し出し、第一の槌をはったと打つと、稲荷明神が相槌をちょうと打つ。ちょうちょうちょうと槌の響きが天地に満ちて、かくて御剣が打ち終わると、宗近は刀の表に小鍛冶宗近と銘を打ち、裏に小狐と力を込めて刻んだ。打ち終えた刀の刃には雲を乱したような模様があり、天叢雲剣《あめのむらくものつるぎ》もかくやという出来映えであったという。

裏表に2つの銘を打った御剣「小狐丸」を残し、稲荷明神は「ではこれまで」と言い残して叢雲に飛び乗り、東山稲荷の峯に帰っていった。

献上された小狐丸はその後、九条家が所持していたといわれるが、現物は存在しておらず複数存在した可能性もある。菅原道真の祟りで京に稲妻が落ち、宮中から一匹の白狐が走り出でた際に授かったという逸話も残る。いずれにしても、刀と霊力を結び付ける小狐丸のエピソードは、鍛冶と神事の密接な繋がりを今に伝えている。特に童子が神剣の威徳や故事を述べるくだりは、鍛冶そのものを神聖なものとして祀り上げようという意図すら感じさせる。しかし、時代を考えると、稲荷明神が童子となって刀を作ったというのもさほど不思議ではないのかもしれない。一条天皇の世は、とにかく怪異や天変地異の多い時代だったからだ。

◆魑魅が跋扈する京で、人々が縋ったもの

一条天皇は円融天皇（在位969～984）の第1皇子で母は右大臣藤原兼家の娘・詮子《せんし》。円融天皇は先代の冷泉天皇の第1皇子に譲位し、花山《かざん》天皇の時代となったが、花山天皇は19歳にして突然内裏を抜け出して出家してしまったため、一条天皇はわずか7歳で践祚《せんそ》した。背景には藤原氏の権力争いがあり、兼家が外祖父摂政になるべく何らかの働きかけをしたものと考えられている。7歳の天皇は当時史上最年少で（後に鳥羽天皇の5歳などがある）、幼帝であっても天皇自ら行わなければならない事項は多いため、かなり無理のある即位だった。何しろ皇太子となった冷泉院第2皇子が11歳で年長なのである。

とはいえ一条天皇は後世の評価では「叡哲欽明《えいてつきんめい》にして万事に長れ、特に文章、音曲に絶《すぐ》れている」（『続本朝往生伝』）など、寛仁の君にして賢皇とされている。

在位期間は寛和2年（986）から寛弘8年（1011）、体は病弱で瘧病《わらわやみ》（温帯マラリヤ）や赤痢、疱瘡（天然痘）などに苦しんだ。一条天皇の世は「天下不静」といわれ、何度も疾病が流行、流言飛語も飛び交う京は混沌の中にあった。

「往還の過客、鼻を掩いて之を過ぐ。烏犬、食に飽き、骸骨、巷を塞ぐ」（『日本記略』）

これは正暦2年（991）の記録だが、一条天皇の在位中は何度も疫病が流行り、疫神が横行するという妖言が庶民を惑わせ、内裏は何度も焼亡し、三種の神器の八咫鏡も焼けてしまった。一条朝の基盤も決して安泰とはいえず、世情はいつまでも不安なままだった。

正暦4年（993）、かつて京の町を恐怖の底に叩き落した〝天神〟菅原道真に贈正一位左大臣、さらに太政大臣が贈られた。怨霊となった道真の名誉は回復され、今度はその強力な霊力で京を守るのである。宮廷には高名な陰陽師・安倍晴明が仕え、卜占や病の治療、雨乞いなどさまざまな祭祀を行っている。

しかし異変は治まらず長保元年（999）には富士山が噴火、宮中でも疫病が猛威をふるい関白藤原道隆《みちたか》が病死し、関白の座を巡って政争が勃発するなど、世紀末らしい異常な世となっていた。そんな混乱の時代に書かれたのが『枕草子』である。作品中には一条天皇は人情深い天皇として描かれており、得意の笛の音に宮廷の女房たちが聞き惚れるというエピソードがある。一条天皇の笛は〝天より授かったもの〟と称され、聞く者は皆、涙を流したという。

異常な時代に何とか泰平を保とうとし、天下の人民の安息を祈った一条天皇。死に際して最期に発した言葉は「自分は生きているのだろうか」だったという。怪異や混沌が身近にあった時代、それが小狐丸が帝の手にあった時代である。

阿蘇惟澄《あそこれずみ》と蛍丸《ほたるまる》

◆霊山阿蘇の大宮司、阿蘇氏の宝刀蛍丸

来国俊《らいくにとし》作の大太刀・蛍丸国俊。太平洋戦争終戦の混乱の中で行方がわからなくなってしまったが、戦前は国宝指定されていたため、絵図や押形、写真などが残されている。総長4尺5寸（約136センチメートル）、刀身3尺3寸4分5厘（約100センチメートル）という剛刀で、護摩箸と八幡大菩薩を示す梵字、素剣の刀身彫刻が施されていた。表には「来国俊」、裏に「永仁五年三月一日」の銘が刻まれている。

来国俊は来派の祖・来国行の子。蛍丸は三字銘となっている。この刀は肥後一宮・阿蘇神社に伝来した、蛍の霊力を秘めるといわれた宝刀であった。

阿蘇山は〝火を噴く山〟として古くから崇拝され、仏教の中でも密教と関わりの深い山岳仏教の起源ともなった霊山である。阿蘇神社は孝霊天皇9年（紀元前282）の創建で、主祭神・

健磐龍命《たけいわたつのみこと》は、神武天皇の子であり阿蘇山の神そのものでもある。阿蘇神社の神職の長である大宮司《だいぐうじ》を代々務めてきたのが阿蘇氏である。神に連なる司祭的立場から〝阿蘇の君〟と呼ばれ、その有無をいわせぬ由緒により絶対的な地位を得ていた。神威によって地方豪族を束ねつつ、自らも民衆を守るために自前の武士団を持ち、阿蘇一円を支配する巨大な豪族に成長した。それはひとつのクニのようでもあった。

源氏と平氏が台頭するようになると、そのクニにも武家社会の波が押し寄せる。一足早く九州に根を張った平氏の支配に対抗する形で、阿蘇氏は源氏方に付いて平氏討伐に協力した。しかし鎌倉幕府が成立しても特に恩賞はなく、平氏に奪われた所領は幕府の御家人に与えられてしまう。次いで北条氏が代官として九州を支配したため不遇の時代が続いたが、元々朝廷との関わりが深い氏族だけに、阿蘇氏が後醍醐天皇の動きに応じて幕府打倒の軍を起こしたのも必然的なものだったと思われる。

◆兄弟の魂が蛍となって刀を蘇らせた？

阿蘇氏の第8代当主阿蘇惟時《これとき》は、京都に馳せ上がり、足利尊氏と共に六波羅に打ち入って軍功を挙げた。鎌倉幕府を倒した後醍醐天皇の新政権樹立に伴い、阿蘇神社は村上源氏の支配を脱しただけでなく、新たに所領を与えられ、阿蘇氏はさらに権力を増強した。

後醍醐天皇と袂を分かった尊氏は、追討軍に京を追われ、播磨から九州に下った。激戦が続く尊氏の元に、少弐氏、大友氏が加勢するがそれでも軍勢は2千程度しかない。それに対し肥後の菊池氏と阿蘇氏など九州諸豪族の大半が官軍として尊氏討伐の軍を挙げた。その数は2万騎以上。負けるはずのない戦いであった。

延元元年／建武3年（1336）3月2日、筑前国多々良浜で両軍は激突した。阿蘇氏は9代当主惟直《これなお》、弟惟成《これなり》、妹婿惟澄《これすみ》を筆頭に阿蘇大宮司家の総力を挙げてこの戦いに挑んだ。ところが戦いは思ってもみない展開をみせる。元々後醍醐天皇が行う新政に武士たちは疑心暗鬼に陥っており、心情的にも尊氏を支援する武士は多く、そのため官軍側に離脱者が続出、獅子奮迅の尊氏たちの戦いぶりは大軍を圧倒していった。突如として強い北風が吹き、砂煙が官軍の兵たちの視界を奪う。その隙をついて敵方に寝返った武将たちが尊氏側に加勢し、虚を突かれた官軍は総崩れとなった。主だった武将は戦闘不能に陥り、惟直、惟成兄弟は討死した。この戦いで阿蘇氏の一族郎党160人が戦死したといわれる。

孤軍奮闘となった惟澄は身長6尺3寸2分（190センチメートル）、30人力と謳われた猛者であった。惟澄は愛刀来国俊を振るい、次から次へと押し寄せる敵兵を打ち倒していった。

「反賊どもひとりも残すまじ」

惟澄は兜を打ち捨て、鎧の袖も引きちぎり、人も馬も区別なく渾身の剛刀を叩き込みつつ前進した。しかし大勢は変わらなかった。あれほどいた仲間はほとんど残っていないのだ。
「是等は皆一方の大将共なり。又九州の強敵ともなりぬべき者也しが、天運時至ざればかように皆滅されにけり」(『太平記』)

惟澄はぼろぼろになった来国俊を強引に鞘に収め、2人の兄の屍を左右に抱き、静かに引き上げた。その姿はあまりに神々しく見え、誰も追撃する者はいなかったという。

惟澄が帰還したのは3月8日の朝であった。無論、兄の遺体も一緒である。

惟澄は愛刀を抜き、刃こぼれの鎬《しのぎ》を撫でて涙を流した。

「激しい戦いだったが敵将を討てなかった。せめてこの刀が元の姿に戻るなら、少しは恨みも晴れるというものだが」

その夜、惟澄は不思議な夢を見た。無数の蛍が飛んできたかと思うと、来国俊の太刀に群がり光を明滅させながら取り付いているのである。

翌朝、惟澄は枕元の来国俊を押し頂き、鞘を払うと思わず声を上げた。鋸のようだった刃こぼれがすべて消えていたのである。人々はこの霊異を噂し合った。いわく「欠けた刀身が蛍になって戻ってきたのだろうか」「神様が蛍に姿を変えて直してくださった」。それ以来、この刀は「蛍丸」と名付けられ、阿蘇神社の宝刀となった。

なお阿蘇大宮司の座は当主惟直の死によって空位となった。一時は惟時が当主に復帰するが、尊氏が北朝方の当主を擁立すると、大宮司も南北に分裂。この分裂はほどなく修復されたものの、今度は戦国の世に煽られるように同族間の争いが勃発する。こうして九州の激しい戦乱の渦に阿蘇氏も巻き込まれていった。

畠山政長《はたけやままさなが》と薬研藤四郎《やげんとうしろう》

◆硬い薬研を貫いた藤四郎の物語

別名を「薬研通吉光《やげんとおしよしみつ》」。粟田口藤四郎吉光作と伝わる。薬研とは「くすりおろし」ともいい、薬効を持つ植物や鉱石などを粒状にするための一種の製薬器具で、中央に溝を掘った船型の器に素材を入れ、円盤状の薬研車で砕いて磨り潰していく。材質は鉄や石、まれに木製のものもあるが、その用法上、総じて硬い。だがこの短刀は、その薬研を貫いたという。

刀の主は足利氏の一門畠山氏の畠山政長。応仁・文明の乱（1467年）の混乱のきっかけを作ったひとりである。

畠山氏は桓武平氏の流れを汲む、武蔵国秩父に土着した豪族で、源平合戦でははじめ平家方に付いたが、後に源頼朝に従った。その後、鎌倉幕府の有力御家人であった畠山重忠が北条家と対立して討死すると、足利義純がその名跡を継ぎ畠山氏を名乗った。義純から数えて6代目の畠山国清はその後、足利尊氏に従って軍功を挙げ、斯波、細川氏と共に三管領として室町幕府の宿老となった。

宝徳元年（1449）に管領となった畠山持国には男子がなく、弟の持富を後継にしていた。ところが突然、誰も知らなかった側室との庶子・義就《よしなり》を後継に指名する。これに反対した家臣が持富の子・政久を擁立したため家督争いが勃発。薬研藤四郎の主・畠山政長は持富の次男で政久の弟である。政長はさっそく細川勝元の支援を取り付け、一方の義就は山名宗全を頼った。家内の混乱を残して持国は死去する。さらに政久も死去したため、畠山家は義就と政長の直接の戦いとなった。

戦乱が拡大し、長期化してしまった原因は、同時多発的に後継争いが発生したことであり、将軍家でも8代将軍義政の弟・義視《よしみ》と義政の子・義尚が譲らず、この騒動を義政が他人事のように静観。そのため双方とも独自に有力者の支援を取り付け、その結果「義視＝勝元（東軍）」「義尚＝宗全（西軍）」となる。さらに斯波家でも当主斯波義健が嗣子のないまま早世したため後継争いが起き、こちらも家中が東西真っ二つとなってしまう。

◆京を壊滅させた勝者なき同族争い

家督争いはお家騒動のレベルから、何の実力もない将軍義政が各家に介入したことで逆に混乱が拡大していった。畠山家では義政が義就を当主とするよう指示したが、逆に勝元は政長への家督交代を指示。同じく斯波氏でも義政の動きを警戒した宗全が先んじて後継選びに介入し、こうして双方に一触即発の空気が醸し出されていく。

畠山家では義政と宗全を取り込んだ義就が政長の管領を罷免し屋敷の明け渡しを迫った。応仁元年（1467）1月17日、追い詰められた政長は屋敷に火をつけ、京都郊外の上御霊《かみごりょう》神社に兵を結集、追撃してきた宗全・義就軍を迎え撃った。これが応仁の乱の始まりを告げる号砲となった。

11年の歳月が過ぎ、文明5年（1473）に勝元、宗全が死去。こうしてようやく大乱は終戦に向かう。すでに将軍の地位も管領の権威も地に堕ちていたが、政長はまだ戦い続けていた。畠山氏当主は依然として政長であり、政長は河内守護でもあった。しかし実質的に河内国と大和国を治めていたのは義就だった。先手を打った政長は10代将軍義材《よしき》を取り込むことに成功し、討伐軍を率いて河内へ出陣した。旧領回復のチャンスである。ところが、応仁・文明の乱は終わったといえども、将軍を巡る権力闘争はまだ終わってはいなかった。幕府の実権を握っていた細川勝元の子政元は反義材派と結託し明応2年（1493）、8代将軍義政の異母兄で、出家していた義澄を還俗させ、故義政の猶子として強引に11代将軍に就任させたのである（明応の政変）。幕府は実質的に政長と政元の勢力争いの場と化した。もはや足利将軍は実力者たちの傀《かい》儡《らい》でしかなく、義澄を擁立した政元は攻勢を強めていった。

◆抜群の斬れ味だが決して主を傷付けない刀

京では義材の弟が殺害されたのを皮切りに、義材派の粛清が進められた。義材は政長と共に討伐軍を率いて河内へ赴いていたが、情報を受けて側近・奉行衆たちは次々と離脱、軍は瞬く間に解体され政長は一転して窮地に陥った。ほどなくして政元率いる新たな討伐軍がやってきた。孤立無援となった政長は河内正覚寺城に籠もって抵抗を続けるが、もはや打つ手はなかった。落城は近い。長い戦いだった――、政長はほんの少しでもそう思っただろうか。

4月25日。上御霊神社で挙兵してから実に26年の歳月が流れていた。その後やってくる苛烈な戦国の世が、政長には一足早く訪れていたようだった。それほど戦いに明け暮れた26年だった。武士の倣いに従えば、ようやく最期の時が訪れたということだろう。政長は腰の吉光を抜いた。

政長は瞑目した。そして意を決すると勢いよく刀を腹に突き立てた。だが不思議なことに、その刀はまるで鎧の上から突いているように切っ先が体に入っていかない。臆しているのではないかと思ったがそうではない。いくら力を込めても刀が腹に刺さらないのだ。

「ええい、何と役にたたぬ」

政長は怒り、吉光を力任せに投げ捨てた。するとその切っ先は置かれていた薬研に深々と突き刺さった。それは、なまくら刀ではなかった。まごうことなき政長の愛刀藤四郎だった。長政は別の刀を抜き、思いを遂げた。最期の命令に背いた愛刀を主は許しただろうか。

薬研藤四郎はこの逸話からその名があり、「斬れ味は抜群だが決して主人を傷付けない」と評判となった。その後この刀は足利家の宝刀となり、松永久秀を経由して信長愛用の1振となった。その後は本能寺の変で焼失したという説と、無事に持ち出されたのち秀吉に献上され、大坂城落城の際に消息不明となったという説がある。農民に拾われて江戸幕府2代将軍徳川秀忠に献上されたという説もあるが、いずれにしても現在は行方知れずである。

京極高次《きょうごくたかつぐ》とにっかり青江《あおえ》

◆化物を斬り伏せた退魔の剣

〝にっかり、にっかり〟と笑う化物を斬った刀という。

『享保名物帳』にはこの刀の由来が記されている。

近江八幡山の領主に中島修理太夫という者がいた。領内の山道に化物が出るという噂が立ち、ある夜、化物退治に出かけたところ、前から幼子を抱いた女がひとりやってくる。石燈籠の灯りに浮かび上がったその顔は〝にっかり、にっかり〟と笑っている。女は幼子に「殿様に抱かれなさい」と促すと、幼子が覚束ない足取りで近寄ってきた。「これが噂の物の怪か」。中島修理太夫はその幼子を一刀のもとに斬り捨てると、「私が代わりに抱かれよう」と今度は女が飛び掛かってきたため、これも一太刀で斬り伏せた。その翌日、一斉に山狩りをしたが、どこにも物の怪らしき死体は見つからず、古く苔生した石塔がふたつ、首のところから切り落ちているばかりだった。その後、領内の怪異はピタリと止んだという。

また『武将感状記《ぶしょうかんじょうき》』にはこんな逸話がある。

豊臣政権の五奉行筆頭・浅野長政の家臣が伊勢に遣わされた道中、夜になり墓場を通り過ぎようとすると、突然〝変化《へんげ》の物〟が現れたという。不動明王のように火焔をまとい、〝にっかり、にっかり〟と笑みを浮かべて近づいてくる。家臣はすぐさま抜刀し走りかかって斬り付けると、あたりは一瞬にして暗闇となった。あくる日、怪異のあった場所に行ってみると、苔生した石仏が頭から血を流している。刀傷は切先外しの場所にあり、自分の刀を見てみるとやはり血が付いており、石を斬った形跡はあったがどこも欠けていなかったという。

長政はこの話を聞くとすぐさま秀吉に伝え、秀吉はその刀を召し上げて「これ名物なり」と〝にっかり〟と名付けて秘蔵した。その後、京極若狭守忠高の家に伝来したとされる。

◆戦国を生き抜いた京極の女子力

京極氏は近江の名族であったにもかかわらず、重要な局面での選択に誤り家勢を著しく衰えさせている。最大の失策は京極高次が本能寺の変で明智光秀に加担してしまったことだ。その後高次は姉竜子の嫁ぎ先である若狭の武田元明、北ノ庄の柴田勝家を頼るが、行く先々がことごとく滅亡するという運の悪さで、普通ならそのまま没落していくところだが、思いがけない転機が訪れる。未亡人となった竜子は絶世の美女だったのである。

竜子は当然ながら召し出され、秀吉お気に入りの愛妾《あいしょう》〝松ノ丸殿〟となった。高次に運が向いてくるのはここからである。罪を許されただけでなく秀吉の家臣に迎えられ、小田原攻めの戦功で近江八幡2万8千石の大津城主にまで出世。さらにお市の方の遺子である3姉妹がそれぞれ長女茶々《ちゃちゃ》（淀殿）が秀吉の側室、次女お初が高次の妻となり、3女お江が徳川秀忠の正室となる。この時点で天下人3人に連なる絶好の位置に京極家はあったのである。高次は女たちの七光りで出世したということから「蛍大名」と揶揄されることになるが、さすがかの京極マリアとお市の方の血統、男どもの失策をカバーするに余りある優秀な女たちだった。

関ヶ原の戦いでは高次は悩みに悩み、ぎりぎりのタイミングで東軍に寝返る。ここでようやく高次は戦国大名としての本領を発揮し、西軍3万の猛攻を大津城の守兵3千で迎え撃った。妻の姉淀殿の勧誘にも耳を貸さず、長男忠高を大坂に人質に出してあったにもかかわらず、高次は無謀な戦いに打って出たのである。そこにあったのは〝負け犬〟になりたくないという意地だけしかない。まさに背水の陣の籠城戦は1週間に及び、残すは本丸のみとなったところで高次は降伏した。奇しくも東西両軍が激突するのはその翌日の9月15日。家康は西軍を7日にわたって釘付けにした高次の戦いぶりを絶賛した。

高次は今度こそ選択を誤らなかったのだ。

この時点ではにっかり青江はまだ豊臣家にあった。『京極御系図』によれば受領したのはやはり忠高だったようである。

◆怪異を祓う霊刀にっかり青江のちから

慶長19年（1614）11月、家康が豊臣方を攻めた大坂冬の陣では、忠高は母・常高院（お初）と共に講和に奔走している。その活動は実り、誓書を交換したのは忠高の陣においてであった。にっかり青江は仲介の労をねぎらう意味で豊臣秀頼が忠高に与えたものだった。

にっかり青江は以後、京極家の宝刀となったが、それでも怪異と縁の深い刀であることに代わりなかった。

関ヶ原の戦いで大津城を失った高次は剃髪し出家。家康の褒賞を拒否していたが、結局若狭一国8万5千石へ加増転封された。万治元年（1658）、嫡子のいなかった忠高の養子となった高和は讃岐丸亀藩6万石に移封される。新たに居城となった丸亀城は怪異の絶えない城だったという。伝説は次のようなものだった。

石工・羽板重三郎の手掛けた石垣に築城を命じた城主・生駒親正も「この石垣なら誰も登ることはできまい」と感嘆した。調子に乗った重三郎は「私ならば尺の鉄棒があれば登れます」と答え、鉄の棒を巧みに使って登ってしまった。これに驚いた親正は重三郎が敵と通じるのを恐れ井戸に埋め殺してしまった。それ以降、重三郎の怨霊が城主に祟るようになったという。また石垣が崩れるため人柱を立てることとなり、たまたま通りかかった豆腐売りが埋められ、それ以来、雨の日にはどこからか豆腐売りの声がするようになった、というものもある。

こうした怪現象は高和の入府以来、二度と起きることがなかったという。それもこれも、にっかり青江が怪異を斬る刀だったからだと人々は噂し合った。

「京極にすぎたるものが三つある　にっかり茶壺に多賀越中」

これは京極家の至宝を詠んだ狂歌である。茶壺とは野々村仁清の茶壺、多賀越中とは京極家に仕えた優秀な家臣の名である。

松永久秀《まつながひさひで》と骨喰藤四郎《ほねばみとうしろう》

◆大友氏と足利尊氏を結ぶ骨喰藤四郎

粟田口藤四郎吉光の作。「骨喰」とは「骨喰み」「骨噛み」とも書き、その名のとおり骨を食む、骨を砕くような剛刀を意味する。この一聴するだに恐ろしい名は「骨を噛み砕かれるような激痛が走る」「斬る真似をしただけで骨を砕き命を奪う」などという伝承すら生んだ。

『享保名物帳』によれば、元は豊後大友氏に伝わる長刀だったが、鎮西のために当地を訪れた足利尊氏に臣従の証として献上したものという。その頃からすでにこの刀は「骨喰」の名で呼ばれており、詳細はわからないが〝不思議なること数々有〟と記されている。

南北朝の戦いで尊氏に目をかけられたのは豊後大友氏8代氏時《うじとき》である。大友氏は元々豊後・肥後の守護職・鎮西奉行であり、平家方の多い九州の抑えの役割を担っていた。3代頼泰《よりやす》は元寇の備えとして時の執権北条時宗から鎮西東方奉行に任命され、文永・弘安の役では元軍に大勝している。

建武3年（1336）、後醍醐天皇の新政から離反し九州に逃れた尊氏は、少弐《しょうに》氏や大友氏の協力を得て南朝軍と対決する。肥後の菊池氏が率いる宮軍は九州の諸豪族を束ね総勢4、5万の大軍勢に膨れ上がった。一方尊氏勢は約2千騎、しかも武器にも事欠くありさまだった。両軍は筑前国多々良浜で激突したが、闘志あふれる尊氏勢は敵軍の武器を奪いながら鬼神のごとき活躍をみせ、最初から足並みの乱れていた宮軍は離反者が続出、尊氏勢は奇跡的に勝利を収めた。尊氏はこの勝利をきっかけに勢いを取り戻し、その2年後に室町幕府を開くことになる。

大友氏はその後、室町幕府から肥前、豊前、日向の守護に任じられた。骨喰藤四郎は、足利将軍家との繋がりを示す証であるだけでなく、寡兵にして大軍を打ち破った多々良浜の伝説的な戦いを伝える名門・大友氏の誇りそのものであった。

記録によれば、足利将軍家に伝来した骨喰藤四郎はやはり長刀ではなく太刀であった。樋《ひ》に剣巻龍が浮彫となっており、裏には不動明王が彫出されている。梵字は毘沙門天を表しており、「骨喰み」の伝承を裏打ちするような神秘的な存在感を醸し出す。しかし足利家の宝刀は次の事件により強奪されてしまった。

◆大友氏の誇りを取り戻す

室町幕府13代将軍足利義輝は形骸化した将軍家に再び栄華の時代を取り戻すべく、有力大名と手を結び始めた。将軍家自体には実力はないが、まだ権威は完全に失われていなかった。実質的に権力を牛耳っていた三好氏方は、立役者・長慶を失ったことで劣勢に立たされた。永禄8年（1565）5月、二条御所にいた義輝は危機感を募らせた三好三人衆（三好長逸・三好政康・

岩成友通）と三好家の重臣・松永久秀の策謀により討たれてしまう。この時、足利将軍家に伝わった宝刀の数々が強奪された。その中に骨喰藤四郎もあったのである。

久秀は畿内一円を支配下に置き、事実上の京の支配者となった。その専横ぶりに三好三人衆は不満を募らせ、やがて久秀と彼らは対立するようになる。

このクーデターに激怒したのが豊後大友氏21代当主・大友宗麟である。大友氏も義輝と関係を深めていた有力大名のひとりで、宗麟は義輝により九州探題に補任されたばかりか、九州における最大版図を築き上げていた。ただし、宗麟には京の騒乱に加担するつもりはなく、ただ大友家にゆかりの深い至宝が奪われたことに我慢ならなかった。

宗麟は久秀に骨喰藤四郎の返却を求めたが、久秀は応じる素振りもみせない。宗麟は家臣の毛利兵部少輔鎮実《しげざね》に交渉に当たらせた。すると久秀は態度を豹変させた。というのも、鎮実が3千両と数々の財宝を携えて上洛したためである。久秀には九州6ヶ国を支配する宗麟と刃を交えるつもりは最初からなかった。

鎮実は骨喰藤四郎を携え帰途についた。この途上、不思議な現象が起きたという。播磨灘で周囲に幾千万もの灯りのようなものが浮かび上がり、鎮実の船に迫ってきたのだ。これを刀を奪い返しに来た久秀の軍勢と考えた鎮実は「命ある限り、この刀は譲らぬ」と一喝した。すると周囲の灯りは一瞬にして消えてしまったという。

こうして大友家の至宝は再び海を渡り、二百数十年ぶりに無事九州へと還った。

◆天下人の手に渡り現存する宝刀

先祖伝来の至宝が戻った喜びもつかの間、九州の太守であった大友氏の土台は揺るぎ始めていた。薩摩の島津氏が破竹の勢いで北進を続け、大内氏を破った安芸の毛利氏も海を渡って北九州を脅かし始めた。宗麟は早くから信長と結び、島津氏との仲裁を求める代わりに毛利攻めへの協力を打診していたが、信長が死んだことで計画は水の泡となる。立花道雪、高橋紹運《じょううん》など歴戦の猛将も失い、蹂躙される寸前だった宗麟が秀吉に臣従したのは無理もない。まさに風前の灯火、宗麟にはそれ以外に選択肢はなかった。

天正17年（1589）、上洛した宗麟が秀吉に所望されるままに骨喰藤四郎を献上したと書かれている史料があるが、宗麟はすでに死去しているため、嫡男義統が持参したのかもしれない。しかし、前年の天正16年（1588）にはすでに押形が取られているため、秀吉が骨喰藤四郎を入手したのは秀吉の九州出兵の頃の可能性が高い。至宝の刀を失うことに大友家中では「お家の衰亡が近いのではないか」と心配する声が上がったという。

秀吉の名刀コレクションのひとつとなった骨喰藤四郎は、大坂城落城とともに失われたと思われていた。ところが不思議なことに堀の中から奇跡的に無傷で回収されたという。一説には、農民が拾って将軍秀忠に差し出したともいわれ、また一説には秀頼の小姓が盗み出して売ろうとしたが買い手がつかなかったという噂もある。このあたり、まさしく諸説紛々といったところなのだが、ひとまず経緯は置くとして、確実にいえるのは骨喰藤四郎は徳川家の蔵刀になったということである。

物語はまだ終わらない。戦火を逃れた〝幸運の刀〟にも悲運が訪れた。明暦3年(1657)の明暦の大火で、江戸城が炎上した際に多くの名刀が失われたが、骨喰藤四郎も炎に呑まれてしまったのである。それでも骨喰藤四郎は焼け跡の中から救い出され、再刃されたのち、紀州徳川家が拝領し明治の世を迎える。

その後、秀吉を祀る豊国神社に奉納され、現在は重要文化財となっている。

山内一豊《やまうちかつとよ》と小夜左文字《さよさもんじ》

◆遠州の地名を名乗りにする小夜左文字

武芸を奨励した徳川8代将軍吉宗はそれまでの刀剣の評価を改め日本刀再興の足がかりを作ったことで知られる。別邸浜御殿に刀匠を招いて刀を鍛えさせたり、将軍家重代の名刀をはじめ、諸大名家に伝来した宝刀の来歴をまとめ237振の名物帳を作らせた。この中に9本の左文字が掲載されている。

織田信長の祐筆・楠長庵が秘蔵し尾張徳川家に伝えられた「楠左文字」、織田家家臣・長連《ちょうつら》龍《たつ》から加賀前田家に伝わり徳川家に献上された「長左文字」、浅野長晟《ながあきら》（広島藩初代藩主）家臣の大西半太夫なる者が所持した「大西左文字」、織田信雄から井伊家に伝来した「織田左文字」。さらに筒井順慶の「順慶左文字」、尾州徳川家の家宝「吉見左文字」「道二左文字」。讃岐を領した生駒一正が所持した「生駒左文字」は享保の頃には所在不明になっていたという。残る1本が「小夜左文字」だ。

名物帳によれば小夜左文字は短刀で長さは8寸8分（約27センチメートル）、代1500貫。戦国きっての文化人・細川幽斎（藤孝）が所持したもので、「命なりけり小夜の中山」という古歌から「小夜」と名付けられたという。細川忠興から黒田長政に譲られ、老中土井利勝、浅野長晟など持ち主を転々とし、京都の町人が所持しているという（現在はある会社が所蔵。国重要文化財である）。

補足すると刀工は筑前国の左文字。銘は表に「左」、裏には「筑州住」と切ってある。

名物帳に書かれている古歌は、正しくはこうである。

「年たけて　また越ゆべしと　思ひきや　命なりけり　小夜の中山」

これは西行法師が詠んだもので、現代語訳では次のような意味になる。

「年老いてから再び越えるとは思っていなかった。小夜の中山を越えることができるのは命があってのものなのだ」

小夜の中山とは箱根や鈴鹿とともに東海道三大難所に数えられる険しい峠である。遠州東部(静岡県掛川市)、金谷宿と日坂宿の間にあたり、戦国時代にもしばしば合戦場となった場所だ。

◆領主を感心させた仇討ちの物語

小夜左文字には仇討ちの物語がある。

昔、小夜の中山に住むお石という女が、どうしても金が必要になり亡き夫の形見であった短刀「左文字」を売ろうと決め金谷に向かっていた。ところが急に腹痛がひどくなり、丸石のある松の根元で休んでいると不運にも賊に斬り殺され、短刀も奪われてしまった。実はお石は懐妊しており、傷口より子供が生まれた。お石の魂はそばにあった丸石に乗り移り、夜ごとに泣いた。これが遠州七不思議のひとつに数えられる夜泣き石の由来である。

生まれた子供は幸運にも久延寺の和尚に発見され、音八と名付けられて飴で育てられ、成長すると大和国の高名な研師の弟子となり、掛川に戻り評判の刀研師となった。音八は父母の形見である「左文字」といつか出会えるかもしれないという希望を抱いていた。この仕事を選んだのは母を殺された復讐を遂げるためだったのである。

ある日、音八のもとに見慣れぬ浪人がやってきた。差し出したのは立派な小刀である。見ると刃の一部に刃こぼれがある。音八が尋ねると山中の丸石に当たったのだと浪人は言った。音八は瞬時に悟った。この短刀こそ探していた父の「左文字」。ついに母の仇を見つけた音八は、名乗りをして見事母の仇を取ったという。

やがてこの一件は領主である山内一豊の知るところとなる。一豊は音八を召し出して家臣とし、音八は左文字を献上。一豊は刀を「小夜左文字」と名付け山内家の秘蔵としたという。

◈小夜の里に残る小夜左文字の伝説

前出の名物帳ではこのエピソードを事実ではないとして詳しく触れていない。そうなると小夜の名が付けられた理由がわからない。「小夜左文字」が細川家にあったことは確実なのだが、実はそこに至るまでの経緯は全くわからないのである。細川家は寛永4年（1627）に起きた大飢饉から領民を救うため、名君として名高い豊前小倉藩2代藩主・細川忠利が小夜左文字と大名物の茶器を売却して救済費用に充てた。小夜左文字のその後の変遷は名物帳どおりのようである。

小夜左文字の名前が地名から来ているとすれば、一豊との関連性は少なくない。

一豊は尾張国の岩倉織田家重臣・山内盛豊3男として生まれたが、岩倉織田家は織田信長に攻め滅ぼされてしまう。盛豊は自刃し、主家と当主を失った山内家は離散するが後に一豊は信長に仕え、秀吉の与力として頭角を現し、小田原征伐（1590年）の後、遠江掛川に5万1千石を与えられた。豊臣恩顧の将の中ではさほど出世は早いとはいえないが、掛川は家康ゆかりの地であり、なおかつ関東8ヶ国に封じられた家康を押さえる要衝でもあった。昼行燈のような人物だったらしく、風体は上がらないが戦場では人が違ったような戦上手ぶりをみせたという。天正5年（1577）の中国攻めでは一豊の指揮ぶりを見た秀吉が驚きの声を発している。

「山内が人数を遣ふをいずれも見届けよ、見懸けに違ひたる男、是こそ」

一豊は秀吉の死後、家康に従って関ヶ原の戦い（1600年）では東軍に与した。そのため慶長6年（1601）に掛川から土佐20万石に大幅に加増移封となる。つまり一豊が掛川にいたのは約10年間。その間に一豊は小夜左文字を手に入れていたということになる。

小夜の中山にある夜泣き石は今も祀られており、音八を育てたという「子育て飴」は地元の名物になっている。そこには「小夜左文字」の逸話がぴったりとはまるのだ。

長尾顕長《ながおあきなが》と山姥切国広《やまんばきりくにひろ》

◆刀工国広に打たせた覚悟の1振

山姥を斬ったといわれる妖しげな伝説を持つ刀である。銘は表に「九州日向住国広作」、裏には「天正十八年庚寅弐月吉日　平顕長」とある。国広は日向飫肥《ひゅうがおび》の伊東氏家臣だったが、島津氏に敗れ主家を失うと刀工に転じ、〝旅泊〟と称して諸国を放浪しながら鍛刀を続けた。銘文にある天正18年（1590）には国広は関東におり、銘にある「平顕長」なる人物の依頼でこの刀を打った。最後の戦いに向けた特別な1振だったと思われる。

山姥切国広の依頼主は長尾顕長《あきなが》という。長尾氏は下野足利城を本拠とした下野国の国衆で、山内上杉氏の重臣長尾景人《かげひと》が享徳の乱の頃に足利荘に入部して成立。以降は山内上杉氏の家宰職を務め、上杉憲政が関東を退去するまで家宰職を独占した。顕長は景人から数えて6代目の当主である。永禄5年（1562）ごろ足利城から上野館林城に移り上杉謙信に属した。長尾氏の所領はちょうど越後上杉氏、甲斐武田氏、相模北条氏が睨み合うまさに中間にあったため、北条氏康に敗れた上杉憲政が謙信のもとに逃げ帰ってしまうと顕長も難しい対応を迫られることになる。しかし甲・相・越は実力が拮抗していたためなのだろうか、なぜか互いを追い詰めるほどの戦いには至らず、顕長も急場をしのぎながらのらりくらりと所領を維持していった。

天正6年（1578）に謙信が死去し、天正10年（1582）に甲斐武田氏が滅び、さらに同年、信長が討たれると状況は一変する。北条氏は苦渋の選択の末、信長に与することで、常陸の佐竹氏を中心とした〝反北条連合〟の掃討に集中していたが、これですべての計画がリセットされてしまった。周辺の国衆たちがざわめきたち、関東は再び動乱に陥る。北条氏も再び勢力拡大に動いており、諸豪族には北条氏に臣従するか、それとも敵対するかの2択しかなかった。相変わらずのらりくらりとかわしていた顕長だったが、天正13年(1585)には北条氏照に攻め込まれ降伏、館林城は北条氏に没収されてしまった。顕長は足利城を安堵してもらい北条氏への臣従を選択。その後もごたごたはあったものの、北条氏との関係は基本的に変わらなかった。そんなさなかに秀吉の小田原征伐が行われる。この時代、天下の動静を見据えていたのは秀吉以外にはいなかった。

北条側は「和戦両様の構え」といえば聞こえはいいが、煮え切らない態度のまま戦闘準備に入った。いかに講和するかが争点の戦いである。新たな知行地も望めない籠城戦に兵の士気は上がるはずもなかった。

山姥切国広の銘にある「天正18年」は秀吉が北条討伐の軍を動かした年である。秀吉が京を進発したのは3月1日。この刀はその直前に打ち上がった。

実は山姥切と呼ばれる刀はもう1振伝わっている。備前長船《びぜんおさふね》の刀工長義《ながよし》作の「山姥切長義」である。銘によれば、この刀は天正14年(1586)7月、小田原城に参府した顕長が北条氏直から拝領した、とある。この銘は国広が刻んだもので、顕長は国広に長義を磨り上げ直させ、同時に写しを1振作った。それが山姥切国広なのである。国広は流浪の途中で下野国の足利学校に寄宿していたところ、領主であった顕長に招かれ、愛刀の製作を依頼されたといわれる。

秀吉率いる21万もの大軍勢が各方面から小田原城を目指して進軍していた。4月には先手の徳川勢が小田原近郊に姿を現し、ほどなく秀吉の本隊も合流、早雲寺に本陣を定め笠懸山《かさがけ》（石垣山）に城郭の構築を命じた。

顕長は実弟の国繁を名代として小田原城に送り、居城の足利城を守っていたといわれるが、北国勢もしくは佐竹・結城勢の攻撃により5〜6月には落城したと思われる。7月、小田原城の氏直は城兵の助命を条件に降伏。氏政、氏照は切腹し、当主氏直は助命され、高野山に追放された。顕長はその後、佐竹氏に一旦預けられるが浪人となり、故郷の足利で一生を終えたという。

◆山姥を斬った刀は一体どちらか？

肝心の山姥切の逸話に顕長は登場しない。

経緯はわからないが、北条氏の遺臣・石原甚左衛門《じんざえもん》なる人物が山姥切の主だった時の話である。身重の妻と信州戸隠に向かう途中、山中で突然妻が産気付いてしまう。どこにも民家はなく困り果てた甚左衛門だったが、折よく一軒のあばら家を見つけた。そこには白髪の老婆が住んでおり、甚左衛門は妻を預けて薬を買いに急いで山を下りた。

薬を手に戻ってきた甚左衛門の耳に妻の悲鳴が聞こえた。慌ててあばら家に駆け込むとそこには生まれた赤ん坊を頭から喰らう老婆の姿があった。

「おのれ化け物！」

甚左衛門は刀を抜くと、山姥を一刀両断に斬り捨てたという。それ以降、この刀は山姥切と呼ばれるようになった。

その後甚左衛門は井伊家に仕官の道を見出すべく、関ヶ原の戦い（1600年）に従軍した。この時、刀を折って困っていた井伊家家臣の渥美平八郎に山姥切を譲ったため、山姥切は渥美家に伝来したという。明治になり渥美家が売却して民間に流出することになった。

長義と国広のいずれも「山姥切」と呼ばれているが、はたして山姥を斬ったのはどちらの刀なのだろうか。長義は写しができる前から山姥切と呼ばれていたという説もあれば、山姥を斬ったことで国広が有名になり、長義も山姥切と呼ばれるようになったという説もある。ちなみに化け物を斬ったという号は古刀に多く、国広のような新刀にはあまり付けられない。

山姥切国広は個人蔵で現存、山姥切長義は徳川美術館が所蔵している。どちらも重要文化財に指定されている。なお一般的には山姥切国広は「号 山姥切国広」、長義は「号 山姥切」と称される。

池田家臣・石黒甚右衛門《いしぐろじんえもん》と鳴狐《なきぎつね》

◆刀だけでなく、主もまた異能な人物だった

「銘左兵衛尉藤原国吉」。号を「鳴狐」。国吉は鎌倉時代の刀工で、藤原氏で左兵衛尉《さひょうえのじょう》を称した。山城の刀工一派粟田口派の則国の子、または弟子といわれる。弟子の吉光と並び短刀の名手として知られ、この鳴狐は刃長1尺7寸8分（約54センチメートル）と短刀にしては大ぶりだが、平造りで反りを付けたような変わった姿をしている。

出羽山形藩の秋元家に伝来したものという。秋元氏は宇都宮氏の一族を称し、戦国末期に武蔵の深谷上杉氏に仕え、北条氏の傘下となった後に家康の家臣となった。関ヶ原の戦いの戦功により上野総社（前橋市）に1万石を領する大名となり、その後、武蔵川越藩から出羽山形藩と順調に出世を重ね、弘化2年（1845）に上野館林藩6万石の藩主となり幕末を迎えた。

史料によれば鳴狐はかつて、播州姫路藩に仕えた石黒甚右衛門なる人物が所持していた。馬術の奥義を極めた人物で、どんな暴れ馬でも乗りこなし、誰も扱えない悪馬でも手綱も鐙《あぶみ》も使わず自由自在に走り回らせることができたという。乗った馬は、目の前で鉄砲を撃っても全く驚かなかったというから、甚右衛門は一種〝異能〟の人物であったといえるだろう。

◆謎多き鳴狐と姫路城にふりかかる祟り

鳴狐という不可思議な号の由来は明らかではない。障子に映った狐の妖《あやかし》を斬ったという伝承があるともいわれるが、確かにその号からはどこか超自然的なエピソードを想像させる。そう考えると、甚右衛門が仕えた播州姫路藩の〝闇〟とも相通じるところがあるのかもしれない。

甚右衛門が仕えた2代藩主・池田利隆は33歳という若さで病死し、家督を継いだ嫡男・光政は幼少だったため鳥取藩32万石に減転封させられてしまう。こうして〝西国将軍〟と称された池田輝政が築いた100万石並みの巨郭・姫路城を残し、池田家は所領を大きく減らしていったわけだが、晩年の輝政は怪異に悩まされ、最期は城内に現れた妖怪に苦しみ悶死したとの怪しげな噂が飛び交った。中には家康に寝返った輝政に対する秀吉の呪い、というものまであった。

名君と称された輝政の評価は家臣や身内、または大名間や幕府の見立てであって、厳しい検地を行って重税を課し、過酷な夫役《ぶやく》を負わせ、さらに極端な治安取り締まりを敷いた〝暴君〟輝政の圧政は領民の怨嗟を増幅させた。慶長6年（1601）から9年の歳月をかけて大規模改修された姫路城は、徳川家に連なる大大名としての格を天下に誇示するものであり、一族合わせておよそ100万石に近い領土を有する池田氏に相応しい居城ではあったが、裏を返せば〝白鷺〟の威容は領民の憎悪が一極集中する、負のランドマークでもあったのだ。

「天守に夜な夜な怪灯が見える」「夜半に大勢の女子供の泣き喚く声が聞こえる」

姫路城にまつわるこうした怪現象は絶えることがなかった。

慶長14年（1609）12月、輝政と正室督姫、輝政の母に宛てて奇怪な書状が届いた。差出人は〝播磨主の大天神東禅坊〟〝都の主千松〟とあり、次のようなにわかには信じがたい警告が記されていた。

「遠江の四りん坊なる天神（天狗）が三りん坊なる天神を誘って姫路城の鬼門の方角から城内に侵入し、輝政らの命を奪おうとしている」

この呪いから逃れるためには鬼門に八天塔《はちてんとう》（八天大塔護摩堂）を建て、大八天神を祀り護摩の秘法で祈祷すること、また伊勢天照大神、春日大明神などへ立願することを勧めていた。輝政は無視して打ち捨てていたが、怪異はその後もひどくなる一方で自身も病に伏せったため、輝政はかつて姫路城の場所にあったといわれる刑部《おさかべ》神社を城下から城内に戻し、八天塔として再建立して法要を行った。この神社は秀吉による改修の際に移転させられたもので、輝政の病が刑部大神の祟りという噂が立っていたのである。なお、刑部大神に関連して姫路城には長壁《おさかべ》姫という妖怪伝承がある。天守閣に隠れ棲む女性の妖怪で、城主の元に現れて城の運命を告げるという。その正体は老狐だとされているのだが、鳴狐との関連性はわからない。刑部大神は現在は姫路城の大天守最上階という特殊な場所に安置され、現在もひそやかに祀られ続けている。

◆死者が相次ぐ池田家の怪と消えた鳴狐

法要の後、輝政は快復し、怪異も鎮まったかにみえた慶長17年（1612）、外出中の輝政を鳥の大群が襲い、怪我を負った輝政はそれから伏せりがちとなる。翌慶長18年、今度は姫路城に鳥の群れが飛び込み、床や障子にぶつかって次々と死ぬという怪事件が起き、それを境に、再び城内では怪現象が相次ぐようになった。昼夜を分かたず悪鬼がはびこり、輝政や女中の枕元に山伏姿の異形の者や怪僧が立つようになったという。そして輝政は床から起き上がれなくなり、ほどなく急死してしまう。享年50、死因は中風とされている。

輝政の死により家督を継いだのが嫡男利隆である。だが、死の連鎖はなおも続いた。大坂冬の陣を終えたばかりの慶長20年（1615）2月に輝政正室の督姫が亡くなると、輝政次男の弟で備前岡山藩主だった忠継がわずか17歳で死去、さらに元和2年（1616）6月には利隆まで33歳の若さで没してしまったのである。利隆の藩主在任はわずか4年だった。

この連鎖する死には毒殺説まで飛び出した。利隆は前妻の子であるため、督姫はわが子忠継を宗家である姫路藩主にしようと利隆を毒殺しようと企てた。隙を見て利隆に毒饅頭を食べさせようとしたが直前に忠継が気付き、母の犯行であることを知った忠継は、兄を守り、同時に母を諫めるためその毒饅頭をあえて食べ死んでしまった。督姫はこれに恥じ入り、毒をあおって息子の後を追ったという。実際の時系列とは異なるため事実とは考えづらいのだが、輝政の死も言わずもがな、藩主が何者かによって殺害されたという噂が無遠慮に広まっていくということは、日頃から藩主を快く思っていない感情が民衆の中に蔓延していたということの証左でもある。

利隆に仕えた石黒甚右衛門は鳴狐とともに姫路城を去ったのだろうか。となると鳴狐は怪異を断つ守り刀だったのか、それとも真逆の呪われた刀だったのか――。

刀剣格言集②

付け焼き刃【つけやきば】

刀身に焼刃の模様を付け足したもの。にわか仕込みの知識や技術を指す。

伝家の宝刀【でんかのほうとう】

普段使いしない家宝の名刀を意味し、ここ一番に持ち出す切り札のこと。

鈍ら【なまくら】

切れ味の悪い刀から転じて、意気地がないこと、未熟なこと。

抜き差しならぬ【ぬきさしならぬ】

刀が鞘から抜けない様子。または抜いた刀をしまえない様子。のっぴきならない状態をいう。

懐刀【ふところがたな】

懐に忍ばせた守り刀から、密かに頼りとする腹心の部下のこと。

目抜き通り【めぬきどおり】

柄の要に目貫があることから、町で最も賑やかな通りのこと。

元の鞘に収まる【もとのさやにおさまる】

仲違いした相手と再び元の関係に戻ること。

焼きを入れる【やきをいれる】

刀身を焼いて鍛えることから、たるんだ気持ちを引き締めること。

第4章

伝説の名刀に秘められた記憶

使い勝手のよい懐刀とその主人たち

森忠政《もりただまさ》と愛染国俊《あいぜんくにとし》

◆信長の腹心、武名で知られた森家の跡継

鎌倉時代中期の刀工・二字国俊の短刀。来派の祖である国行の子とされるが、銘には「来国俊」と「国俊」があり、同一人物なのか別人なのかについては解釈が分かれる。作風の違いから別人説が有力で、「国俊」とあるものを〝二字〟国俊として区別している。一般的に猪首切先で豪壮な作風の二字国俊にあってこうした短刀は珍しい。茎に愛染明王を表す線刻が施されているためこの名がある。

愛染明王は怒髪天を衝き憤怒暴悪相をしているが、内面は愛をもって衆生を解脱させる〝煩

悩即菩薩〟の明王である。手には降魔の弓矢を持ち、憤怒の怒りで怨敵を降伏させ、一切衆生《いっさいしょじょう》を救済する。そのため軍神として崇める戦国武将も多かった。この太刀の表には素剣の彫刻もあり、密教的な意匠が存在感を際立てている。

元禄享保間に刊行された『本阿弥光徳同光温押形集』には「森右近殿有之」と記されている。これは美濃森氏の系統で後に美作津山藩の初代藩主となった森忠政のことで、右近を名乗るのは天正13年（1585）10月。当時は初陣を果たしたばかりの若き美濃金山城城主であった。この愛染国俊は秀吉から与えられたものという。

美濃森氏は信長の天下布武に並々ならぬ貢献を果たした武名高き一族である。

清和源氏の流れにあるとされ代々土岐氏に仕えたが、天文末年頃から森可成《よしなり》が信長に仕官し、尾張国統一戦の主要な戦いには必ずその姿をみせている。〝攻めの三左〟と呼ばれる槍の名手で、数々の功績から永禄8年（1565）に美濃金山城を与えられ、信長上洛の際には柴田勝家と共に先鋒を務めている。

浅井・朝倉との戦いで可成が戦死すると、次男の長可《ながよし》が13歳にして家督を継いだ（長兄は戦死）。〝長〟は信長の偏諱《へんき》である。父譲りの剛槍から〝鬼武蔵〟と呼ばれ、「人間無骨」と銘された二代目和泉守兼定（之定）作の十文字槍を愛用した。数々の武勇伝を持つが気性は荒く、軍紀違反を度々起こし仲間うちでの揉め事もしばしば、信長家臣の奉公人を怒りに任せて槍で突き殺すことすらあったというが、信長は長可にはことに甘く、勘気を被ることは一度もなかった。

◆当主の兄も見放した末弟忠政

長可の弟の長定、長隆、長氏はそれぞれ蘭丸、坊丸、力丸といい、信長の小姓となった。長定は信長の寵愛を受けながら秘書としても重用されており、武田氏滅亡後の天正10年（1582）に長可が海津城に移ったと同時に、美濃金山城の城主となっている（当時は兼山城と改称）。しかしその年のうちに本能寺の変が起き、長定ら3兄弟はそろって討死してしまった。長定は18歳、長隆、長氏は17歳と15歳だったという。

秀吉から国俊を賜った忠政は森兄弟の末弟である。幼名は仙千代、千丸。後に長重を名乗った。忠政も信長の小姓として出仕していたのだが、揉め事を起こした小姓衆の頭を扇子で殴打したため、まだ幼すぎるとして母の元に帰されていた。暴れ者には事欠かない森家の家風によって、すんでのところで助かったというわけである。

信長の死後、長可は信長3男・信孝に付いたが、信孝と秀吉が対立すると秀吉に与した。その後、名実ともに信長後継となった秀吉に時機を大きく失した形で織田信雄が家康と組んで挙兵したが、長可は変わらず秀吉方として参戦。両軍は小牧・長久手の戦いで激突する。膠着状態の中、第2軍総大将として鎧の上に白装束を羽織って参陣した長可は、家康本拠の岡崎城攻略に向かったが、徳川精強の井伊直政軍と一騎打ちとなり、鉄砲で眉間を撃ち抜かれて即死した。死地を探していたような猛将らしい死に様で、覚悟のうえで戦場に赴いていたことが遺言状からもうかがえる。そこには「自分の娘は医者に嫁がせよ。決して武士の妻などにはするな」と記されていた。長可の妻は共に戦死した池田恒興の娘。これは父と兄弟4人を戦場で亡くした猛将の偽らざる心境だったのだろう。

しかしながら残された森家当主は、あまり評判がよろしくなかった。長可亡き後、森家の後継者は忠政しか残っていないのだが、長可の遺言状には忠政が家督相続することに対してきっぱりと、こう書かれていた。

「あとつぎ候事、いやにて候」

城は誰か信頼のおける武将に任せ、忠政は秀吉に奉公させるようにという内容で、長可は忠政を見放していたのか、時期尚早と考えていたのかわからないが、自らが13歳で家督を継いで実績を積み上げてきたことを考えると、おそらく前者の可能性が大きいだろう。しかし秀吉は遺言をあっさり無視して忠政を後継に指名。ほどなくして愛染国俊を与えたのだった。

◈粗暴さだけは太平の世でも失われず

ところで秀吉は、信長旧臣の扱いにはかなり苦心している。信長恩顧の森家で、特に長可のような信長一筋の猪武者が秀吉を支持したのが意外ではあるが、世の趨勢はおそらく秀吉だったのは間違いなく、これも先見の明とみることは可能だ。だがしかし…である。もしかすると秀吉は与し易しとみて、忠政をあえて残したのかもしれない。

秀吉の死後、慶長5年（1600）に忠政は川中島へと入領し、居城の海津城を「待城《まつしろ》」と改名している。その理由は兄・長可のいた城に入領するのを心待ちにしていたから、というものだった（後に松代城となる）。この時、関ヶ原の戦いを控えた石田三成が忠政に豊臣方参陣を促すために会談に訪れたが破談となった。その時の忠政の態度に三成は激怒、「秀頼様を騙し領地を掠め取った」と名指しで批判したと伝えられる。

関ヶ原の戦いでは目立った活躍はなく、所領も据え置かれたが、慶長7年（1602）に行った検地により多大な増税を強いたことから領内で一揆が頻発。忠政は強硬策をもって対抗し、徹底的に弾圧した。忠政の圧政は評判となったようで、翌慶長8年（1603）、小早川秀秋の死に伴い美作一国18万石（津山藩）へ加増転封となった際、領民が猛反発し、元小早川家臣らが国境を封鎖する騒ぎとなった。ここまで嫌われる領主も珍しいのではなかろうか。

愛染国俊は忠政の死後、将軍家光に献上され、家光養女大姫が前田家に嫁した際に引き出物として贈られ、以後前田家に伝来した。

後藤《ご とう》庄三郎《しょうさぶろう》と後藤《ご とう》藤四郎《とうしろう》

◆江戸の金座を取り仕切る、家康の〝懐刀〟庄三郎

粟田口藤四郎吉光の短刀の中でも大ぶりで華やかな一口。尾張徳川家に伝わった国宝である。寛永16年（1639）、2代光友は3代将軍家光の娘・千代姫を正室に迎えており、その折に将軍家から拝領したものだ。号の由来は江戸幕府の御金改役《ごきんあらためやく》を代々務めた後藤家初代・後藤庄三郎（光次）を主に持ったためである。

御金改役とはいわば江戸幕府の中央銀行ともいうべき「金座」を監督する役職で、小判や一分金などの定位金貨の鑑定と検印から、金貨の鋳造や彫金までを一手に取り仕切った。まさに江戸幕府の心臓部のような重要な機関であり、その特殊性ゆえに後藤家の世襲という形で聖域化されてきた。このシステムを作り上げたのは徳川家康だが、それは庄三郎という傑物がいたからこそ成立した。はたして家康の〝懐刀〟庄三郎とは何者だったのだろうか。

庄三郎は家康の側近として、本来の家職である貨幣の鋳造などを支配する一方で、家康の外交や貿易、金銭の出納をも担当し、幕府の年寄クラスに準ずる扱いを受けていた。史料によれば文禄2年（1593）、庄三郎は京・聚楽第《じゅらくだい》で家康に謁見し、翌々年の文禄4年には江戸に下ってさっそく武蔵墨書小判の鋳造に従事したとされる。

「後藤庄三郎という人京より下り、同じ未の年より金の位を定め、一両判を作り出し、金の上に打判有りて、是を用いる。（中略）今は国治まり、民安穏の御時代、皆人金沢山に取り扱うといえども、値は古今同時にて、めでたき宝なり」（『慶長見聞集』）

庄三郎は鎌倉初期の武将・大江親広《おおえちかひろ》に連なる美濃加納城主長井氏の系譜とされ、その血統と才覚を認めた家康が後藤姓を名乗らせたとあるが、実はその経歴はロンダリングされたもので、庄三郎は室町以来の彫金工芸家・後藤徳乗《とくじょう》の使用人にすぎなかったといわれる。

後藤徳乗は金細工を家業とする名門後藤家の出で、足利・織田・豊臣の3氏に仕え、豊臣家の判金改《はんきんあらため》を務めた人物である。秀吉の命に従い、天正大判を鋳造したことでも知られるが、庄三郎と決定的に違うのは、取り扱ったのがセレブ用の高額貨幣ばかりであるという点である。その用途は大名同士の儀礼や贈答用、または軍事用であるため一般流通することはまずなかった。一説に庄三郎は、徳乗の名代として江戸に下向したのであって、同時に後藤家の猶子となって後藤姓を名乗ったという。ただしあくまで〝支店〟扱いで独立機関ではなかった。しかしこの主従関係を大きく変える出来事が起きる。関ヶ原の戦いである。

◆使用人から徳川幕府の要職に

庄三郎の江戸下向は秀吉もしぶしぶながら承知しており、家康が提案した江戸の地方通貨を認めていた。一方の徳乗は庶民用貨幣の流通を軽んじていたこともあって、代理人をあてがって済ませようとした。上方と江戸は歴史的にも実質的にもこのような上下関係にあったわけだが、関ヶ原の戦いの後、家康が徳川幕府を開くと、その関係は逆転してしまう。豊臣家と徳川家の立場が入れ替わると同時に、徳乗と庄三郎の主従関係も反故となってしまったのである。もちろん庄三郎は元々財政のスペシャリストだったが、加えて人並み外れた政治的手腕も持っていた。そうでなければ天下人の〝懐刀〟に抜擢されるはずもないのだ。

庄三郎は金銀座を支配していたため、貿易・外交関係にも重要な役割を担っていた。国内の貿易商人だけでなく、外国商人にとっても重要人物であり、外国との窓口として特にスペイン外交を進め、家康との取次ぎを自ら務めている。庄三郎の元にはさまざまな情報が集まるため、家康は庄三郎を特に重用した。上方仕込みの話術も堪能だったらしく、御伽衆《おとぎしゅう》同様に御側御用《おそばごよう》を務めたという。

徳川幕府の要にある人物ゆえに庄三郎の交際は極めて多彩だった。近臣の本多忠信・正純、安藤直次、大久保長安などの老中たちはいわずもがな、伊達政宗や藤堂高虎など利用価値の高い外様大名、さらに長崎奉行の長谷川左兵衛、京の公家連中に僧侶・金地院崇伝《こんちいんすうでん》。茶屋四郎次郎や角倉了以《すみのくらりょうい》などの豪商から藤原惺窩《せいか》などの文化人まで、とにかく当代随一といわれる面々たちばかりが集った。やはり今も昔も、情報は集まるべきところに集約されるものなのである。

◆大坂の陣で主従が戦ったマネーゲームの行方

慶長18年（1613）ごろから庄三郎の動きに変化が起き始めた。家康の命を受け、長崎奉行所の協力を得ながら、オランダ、イギリスなどから武器や弾薬、特に大砲類を次々に購入したのである。武将たちが特権を与えて商人を庇護した理由のひとつは戦争である。豊臣方も大量の金銀を放出し、戦闘準備に入った。翌慶長19年に始まる大坂の陣で、かつての主人・徳乗と庄三郎の差は決定的なものになる。徳乗は秀吉以来の豊臣家の恩顧に報いるため秀頼に加担したのだ。豊臣方は莫大な資金を蓄えており、大坂の役で多額の戦費を消費したにもかかわらず、大坂城が落城した後も約2万8千枚の金と約2万4千枚の銀が残っていたといわれる。秀吉の莫大な総資産を考えれば徳乗の権力も相当なものだっただろう。

徳乗は金匠の名門だったがゆえにお家断絶はまぬがれ、徳川家に大判座頭人として仕えた。そのポストは庄三郎の管理下である。

庄三郎は後に眼病を患い、子に名跡を譲って引退。家康が死去するとほぼ表舞台に現れなくなる。そのため晩年の記録はほとんど残っていない。

後藤藤四郎は庄三郎の死後、老中の土井利勝から将軍家に献上された。

異なる道から刀工となり、新風を巻き起こした人物

刀工国広《くにひろ》と山伏国広《やまぶしくにひろ》

◆厳しい修験の日々を送った、神出鬼没の刀工国広

日向国飫肥《おび》出身の国広は〝旅泊〟と称して修験者のように各地を放浪しながら鍛刀修行を重ねた刀匠である。安土桃山時代を代表する名工であり、京一条堀川に鍛冶場を設け、多くの弟子を輩出し堀川派を成した。

国広の作は多様な銘文が入っていることで知られるが、山伏国広は次のように銘されているため、この名がある。

「日州古屋之住國広山伏之時作之　天正十二年二月彼岸」

天正12年（1584）2月、日向国古屋（宮崎県綾町）で山伏として艱難苦行を行いながら、国広はこの太刀を打ったのである。作刀の地である古屋には、かつて日向を領した伊東氏が築いた伊東四十八城のひとつ綾《あや》城があったが、すでに伊東氏は島津氏によって日向を追われていた。伊東氏の家臣であった国広は、天正5年（1577）に伊東氏が所領を失ったのを境に漂泊の刀工に身を転じていたのである。

古屋は日向灘に注ぐ大淀川の支流・本庄川上流に位置し、北部には急峻な九州山地が控えるため、国広の求める修行の場としては申し分ない環境だったのだろう。他の銘文には天正4年（1576）に古屋で打ったことを示すものもあり、国広は主家が滅んだのちも古屋を拠点としながら山伏として、また刀工として厳しい修験の日々を送っていたと思われる。

◆伊東家再興の願いが込められた1振

山伏国広は刃長2尺5寸5分（約77・3センチメートル）。彫りは表に「武運長久」の4文字が刻まれ、上部に地蔵菩薩を表す梵字が刻まれている。裏には大日如来を表す梵字と盤石座《ばんじゃくざ》に乗った立ち不動が精緻な彫りで描かれている。表裏にはどちらにも三鈷剣《さんこけん》を簡略化した爪の装飾が入る。これは不動明王を表したものである。美しい佇まいは芸術工芸品の見本のような1振だが、作刀時期を考えれば、国広にとっては特別な意味を持つ太刀だったと思われる。

表銘にはこう記されている。

「太刀主日向國住飯田新七良藤原祐安」

飯田祐安《すけやす》は国広と同じく伊東氏の家臣であった人物で、国広は来たるべき主家再興に備えてこの刀を打ち、祐安に与えたといわれる。「祐」は伊東氏の通字《とおりじ》であるため、伊東家に連なる人物である可能性が高い。『日向記』には伊東四十八城のひとつ三納城主として飯田備前守の名前があり、天正5年に伊東氏が所領を追われた際、島津勢に捕らえられ切腹したという記録も残る。飯田祐安がこの人物に関係するとすれば、御家再興に懸ける悲願は尋常なものではない。

飯田備前守の三納城は綾城とそれほど距離は離れていない。同じような境遇で故郷を追われた元家臣同士であれば、今は山伏に身をやつす身であったとしても、御家再興に懸けた悲願は痛いほどわかるだろう。

◈宿敵島津の敗北と、実現する御家再興の願い

国広は姓を田中、信濃守を称した。父は国昌、あるいは実忠といい、〝旅泊〟を庵号《あんごう》とする刀鍛冶だった。国広は伊東家に仕え、伊東マンショの近侍を務めていたといわれる。後に天正遣欧少年使節として名が知られることになる伊東マンショは母が第11代当主義祐《よしすけ》の娘であり、

綾城で暮らしていた。島津軍に攻められた際、国広は当時8歳のマンショ（当時は万千代と名乗っていた）を背負って豊後に落ち延びたという。義祐は豊後国の大友宗麟を頼ったが、大友軍が耳川《みみかわ》の戦い（1578年）で島津軍に大敗し、これで伊東氏の旧領回復の望みは絶たれた。

伊東氏主従は信長を頼り、第12代当主祐兵《すけたけ》が信長から秀吉の与力となり、そのまま秀吉家臣となって地道に旧領回復の機会を狙っていた。天正10年（1582）には河内に500石を得ており、近く行われる九州征伐が始まれば日向から憎っくき島津勢を駆逐する機会も与えられる――、天正12年とはその希望が現実味を帯び始めた時期だったのである。

秀吉の九州征伐が本格化するのは天正14年（1586）。戸次川《へつぎがわ》の戦いや丹生《にう》島城合戦など、島津氏が勝利した戦いも中にはあったが、一時は九州全土を掌握しかねなかった島津軍の勢いは完全に失われ、翌天正15年3月に秀吉が九州に出陣すると島津軍は瞬く間に兵を引き、領国薩摩を守備するために帰還してしまった。ただし日向は手放さず、そのため秀長が率いる軍勢が豊後から進攻、3月29日には島津軍が籠もるかつて伊東四十八城に数えられた高城を包囲した。島津軍は高城付近の根白坂《ねじろざか》で必死の抵抗を試みるが、この戦いを最後に島津氏はあっさり降伏する。

伊東祐兵は黒田官兵衛軍に加わり、岩屋城合戦などで戦功を挙げた。国分けは6月7日に行われ、祐兵は旧領を追われて十年余り、秀吉による取立大名として改めて旧領の一部2万8千石を与えられ、大名として復活を成し遂げたのである。

激しい戦闘が行われている真っ只中で、国広は変わらず古屋で作刀を続けていたことが残された国広の銘によりわかっている。飯田祐安もおそらく主君・祐兵とともに戦場にあり、その腰には山伏国広を佩いていたはずである。「武運長久」。太刀に込めた国広の祈りは聞き届けられたのだった。

国広はその後、天正18年頃に上京し京に住んだ。しかしそれでも〝旅泊〟は変わらず、再び伊東氏に仕えたかと思えば、北関東に赴いて「山姥切」を打ち、石田三成に招かれ佐和山に姿を現すなど、まさに神出鬼没。多くの戦国武将たちから熱い視線を浴びた、風のような名工であった。

長曽祢興里《ながそねおきさと》と浦島虎徹《うらしまこてつ》

◈武具甲冑職人の一族からでた刀工、長曽祢興里

長曽祢虎徹。はじめ興里《おきさと》を名乗った。長曽祢氏は本来近江長曽祢荘を本拠として武具甲冑の製造を専業としていたが、姉川の戦い（1570年）で佐和山城が落ち、その後、柴田勝家が北ノ庄に封ぜられたのを期に長曽祢一族も越前に移ったという。興里は50歳を超えて江戸に出て

刀鍛冶となるが、その動機については次のような伝説が残されている。

加賀前田公の招きで刀工の陀羅尼《だらに》勝久が鍛えた刀と、興里の兜の優劣を競うことになった。勝久が面前の兜に刀を振り上げて今にも振り下ろさんとしたその瞬間、興里が兜の位置を直そうと待ったをかけた。これで気勢をそがれたのか勝久の一刀は兜に傷を付けることができず、勝負は興里の勝ちとなる。興里はこの勝負を恥じ、刀工になるべく江戸に出たという――。

◆興里がもたらした新風とその評価

興里が作刀を始めたのは明暦元年（1655）頃で、銘には「長曽祢興里」と入るが、その後、「古鉄入道」と添えるものが現れる。これは古い鉄を溶かした鍛練を得意としたためで、その後、中国の故事に倣って「虎徹」を用いるようになった。草むらに潜む虎を弓矢で射止めたと思い、近付いてみるとそれは巨大な石だったが、矢は深々と刺さっていたことから、「虎徹」とは〝一念岩をも通す〟という意味がある。それはまさに興里の作刀そのものだった。「虎」の「儿」の部分を跳ねさせた通称〝ハネ虎〟、〝ハコ虎〟と呼ばれる「乕徹」など刻銘は度々変わるが、その評判は終生変わることがなかった。たとえば虎徹の鍛刀はこう称された。

「新刀中虎徹ほど地鉄の強きものなく、劔形亦雄偉にして割断の快利想見する余るのみ」（『虎徹大鑑』）

浦島虎徹は刃長1尺1寸2分5厘（約34センチメートル）の脇差で、「長曽弥興里」の五字銘がある。万治3年（1660）12月、60歳前後の初期の〝古鉄〟時代の作と考えられる。表に岩に乗り釣り竿を肩に掛けた浦島太郎の彫物があることからこの号があり、差裏には、簡素化された倶利伽羅と蓮台が彫られている。虎徹の特徴は多様な刀身彫刻にあり、甲冑師の修行で培った雄渾《ゆうこん》な彫りと新奇なテーマも見どころのひとつとなっている。蓬莱山《ほうらいざん》、風雷神、そしてこの浦島はほかにまず見られない虎徹独特のモチーフである。

浦島太郎の物語は古代の神仙譚《しんせんたん》から現代の童話に至るまで、さまざまなバリエーションを加えて伝えられてきた。最古の文献は『日本書紀』で、亀の変身した女につれられて蓬莱山に行くという簡潔な物語となっている。浦島虎徹の彫刻は一見すると山水図でもお馴染みの太公望のようでもあるが、腰蓑や服の皺まで、それこそ髪の毛の1本まで再現しようとするかのような精緻な仕事ぶりは、日本刀の美術工芸品としての存在感を際立てている。虎徹は甲冑の時代でも古刀の時代でもない、新刀が切り拓く新しい世界を知らしめる1振だったのだろう。

◈池田家に伝来した浦島虎徹と御家騒動

浦島虎徹は因幡鳥取藩主池田家に伝来したものだ。

鳥取藩は江戸時代を通して池田氏が治め、元和3年（1617）、わずか8歳ということを理由に姫路藩を転封となった3代当主池田光政が32万石で入封した。所領を減らされたため、下級武士は土着して半農半士となるなど厳しい領国経営を迫られたが、光政は巧みに藩政を軌道に乗せていく。光政は明敏かつ剛毅な人物で将軍家光からも目をかけられ（「光」は家光の偏諱）、著名な陽明学者・熊沢蕃山《くまざわばんざん》を召し抱え〝好学の名君〟と呼ばれるようになるが、それはここ鳥取藩ではなく、次の移封先である備前岡山藩においてのお話。

寛永9年（1632）、光政の叔父にあたる岡山藩主・池田忠雄が死去し、嫡子光仲がまだ3歳だったことから、光政は鳥取藩から岡山藩へ、代わりに光仲が鳥取に国替えとなる。この光仲の系統が戦後まで鳥取藩を治めた。浦島虎徹を伝えたのはこの池田家である。光仲の父忠雄は輝政3男。祖母は家康次女の督姫で、光仲は家康の外曽孫に当たる。通常なら改易となってもおかしくないはずだが、そうはならなかったのはこの関係があったためだ。「播磨は中国の要地であるため」「備前は手先の国なれば」といろいろ理由をつけたわりに、因幡であれば幼少でも治められると幕府が判じた理由はよくわからない。光仲は移封となった後も江戸の藩邸で養育され、鳥取藩は藩主不在のまま側近たちの集団指導体制による家老政治がなんと15年間にわたって続くことになる。

寛永15年（1638）、光仲は江戸城で元服、正保2年（1645）には幕府の斡旋で紀州藩主・徳川頼宣《よりのぶ》の長女・茶々姫と結婚した。慶安元年（1648）3月、19歳になった光仲はようやく鳥取へ初入国した。光仲はまず、家康を祀る東照宮を勧請《かんじょう》し〝徳川の血脈〟を示すことで藩主の権威を高め、長きにわたった家老政治からの脱却を図った。具体的には、権力を握っていた首席家老たちの排除である。光仲は専横を断罪し、時には権謀術数を用いつつ人事を刷新した。こうして在任54年という長期藩政の基礎を作り上げたのである。

光仲には取り立てて武功を示す逸話はない。為政者としての評価は高いが、後継の2代藩主で長男の綱清が「文武ともに学ばず。行跡正しからず。故に政事を知らず家老任せ也」（『土芥寇《どかいこう》讎記《しゅうき》』）と評されたように、その後も光仲を超える藩主は現れず、〝中興の祖〟なる人物もついぞ出なかった。

因幡池田家にとって浦島虎徹は、あくまで美しい工芸品としての宝刀だったのであろう。

血塗られた逸話に隠れた人となり

細川忠興《ほそかわただおき》と歌仙兼定《かせんかねさだ》

◆刀の名に残る、忠興の荒れた一面

室町後期の名刀匠・二代目和泉守兼定の作。二代兼定の銘は「定」の「疋」の部分を「之」と切ることから「之定《のさだ》」と呼ばれる。主は肥後細川家初代として知られる戦国武将・細川忠興である。

教養高き文化人として知られる一方、生涯に50あまりの合戦を戦い抜いた武人であり、戦場での冷酷かつ苛烈なエピソードには事欠かない。歌仙兼定はまさに主の精神が乗り移った1振といえるかもしれない。

歌仙とは『三十六歌仙』。平安時代に藤原公任《ふじわらのきんとう》が編んだ歌集『三十六人撰』にちなみ、当代きっての和歌の名人36人を総称したもの。この「之定」の刀名には、狂気に満ちた逸話がある。

大坂の陣を終えると、忠興は家督を3男の忠利に譲り、名を三斎宗立と改め隠居した。寛永9年（1632）、忠利が豊前小倉藩40万石から肥後熊本藩54万石に加増移封されると、忠興は八代城に居城を移した。この時点で忠興は70近い高齢である。元々短気な性格で、しかもあまたの戦場で培われてきた振る舞いは、忠興がいくら丸くなったといわれても本質的にはさほど変わっていなかった。それでも、旧知の大名連中からは許されていたようで、とりわけ幕府からは外様大名らしからぬ厚遇を受けている。

家康以降、秀忠、家光ともに歴戦の武勲を尊重したのも理由のひとつだが、忠興を補佐した忠利の働きも見逃せないだろう。兄2人を差し置いて当主に抜擢された聡明ぶりに加えて、人質としての江戸暮らしも長いため2代将軍秀忠の信任も厚く、気の細やかさは天下一品。絶えず暴発の危険をはらんだ忠興を巧みにフォローし、大大名・肥後細川家の礎を築いた名君であった。

ある日、八代城に忠興から招集命令が下った。何事かと集まった近臣たちを忠興は「主君のことではなく我が身のことしか考えない不忠義の者が多い」と叱咤し、ひとりずつ首を刎ねていった。成敗した家臣は実に36人にのぼったことから、「歌仙兼定」と命名されたと伝えられる。

なお細川家では成敗した家臣は6人だったという伝もあるが、いずれにしてもこのような世評が立つ要素は十分にあった。

◆狂気の逸話に隠れる、文武に優れた忠臣忠興

忠興は「文武両道に達し智謀勇略兼備の無双の良将」「武勇弓馬の業・文武の器物・衣服の制・茶湯・蹴鞠・謡曲等ことごとく知る」などと評されるように諸方面の文化に堪能なエリート武将であった。千利休の高弟〝利休七哲〞のひとりでもあるが、『茶道四祖伝書』には「天下一気の短い人物」と記されている。

激しやすい性格ではあるが、その反面、情に厚く義理堅い人物であったため、信奉者もことに多かったと思われる。利休が切腹に追い込まれると後難を恐れて近付く者がいなくなったが、利休が京の屋敷を舟で退去するところを忠興は古田織部《ふるたおりべ》と共に岸辺から見送ったという。その姿に感激した利休は、後に礼状を送っている。また、信長に対する畏敬の念は生涯変わることがなかった。

『信長公記』によれば、忠興の名は天正元年（1573）の槙島城攻めから登場している。この時点ではまだ11歳であるため疑わしいのだが、父幽斎と共に各所に転戦し4年後の大和片岡城攻めで一番乗りの手柄を立て、信長より自筆の感状を受けている。

天正8年（1580）、幽斎はそれまでの功を認められ丹後一国を拝領した。この時忠興は父と共に安土に参内したが、信長は忠興に向かって「丹後国は親には遣わさず、汝に遣《や》る」と下命したという。忠興は感激のあまり落涙し、「この恩は生涯忘れない」と言上、それを聞いた信長は「倅《せがれ》めが吠えよるわ」と上機嫌だったという。

本能寺の変が起き、信長の死が伝えられると幽斎・忠興共に剃髪し、家督を忠興に譲った。明智光秀は忠興の岳父であり、軍事的にも従属する立場ではあったが、忠興は光秀の誘いに全く応じず、逆に光秀の娘である妻お玉（ガラシャ）を幽閉して縁を切っている。

その後、忠興は所領が変わるごとに信長の菩提寺を移して追福し、老齢になっても信長への恩に報じたという。

◆細川家に伝わる国宝と、公卿を動かした歌

細川家は多くの名宝を今に伝えているが、刀剣のコレクションもわが国屈指といっていい。歌仙兼定は拵《こしらえ》にも見るべきものが多く、柄を革巻きとし、鞘は鮫皮の研ぎ出し文様が美しい。これは「歌仙拵」と呼ばれ、忠興の美的センスが随所にうかがえる出来となっている。

刀剣筆頭は国宝の「太刀銘豊後国行平作」だろう。通称は〝古今伝授《こきんでんじゅ》の太刀〟。行平は鎌倉時代初期に活躍した豊後国の刀工で、後鳥羽上皇に仕えたことでも知られる名工である。太刀に

およそ似つかわしくない文学的な〝古今伝授〟の名を冠したところは、〝歌仙〟にも通じるセンスを感じさせるところがあるが、この太刀は父幽斎の愛刀であった。

慶長5年（1600）7月、家康が会津の上杉景勝を討伐するために北上すると、石田三成が挙兵、三成の命を受けた西軍1万5千が忠興の居城・丹後田辺城を取り囲んだ。忠興は家康に帯同していたため、急遽幽斎が入城し迎撃準備を整えようと図った。しかし城中にあるのは雑兵ばかりで領民を合わせても総勢500に満たない。戦いは必然的に籠城戦となったが、圧倒的な戦力差に死を覚悟した幽斎は「古今伝授」継承者としての責を果たそうと、密かに家臣に古今伝授証明状を持たせ、後陽成天皇のもとへ派遣した。そこには幽斎の一首が添えてあった。

「いにしへも今も変わらぬ世の中に心の種を残す言の葉」

古今伝授とは『古今和歌集』の伝統的な読解法である。古来から歌道界の権威として神聖視されており、文学的造詣の深い幽斎はその伝授を受けていた。

幽斎が死を覚悟していることを知った公卿らが停戦に動き、ついに後陽成天皇の勅使がやってくると戦闘は終了、幽斎は無事命を助けられた。この時勅使を務めた権大納言・烏丸《からすま》光宣《みつのぶ》に幽斎が贈った太刀がこの行平である。この太刀は後に細川家に戻り、今に伝えられている。

豊臣秀次《とよとみひでつぐ》と厚藤四郎《あつとうしろう》

◈秀次と縁深き厚籐四郎の主たち

粟田口藤四郎吉光の手による短刀で、長さ約27・6センチメートルと極めて小ぶりだが、刀身は極厚で、そのため「厚藤四郎」と名付けられた。組み打ちの際、鎧の隙間から敵を貫くための典型的な鎧通しの作りである。室町時代から天下の名刀として知られ、足利将軍家に伝わったが、その後、美濃国の武将で信長、秀吉に仕え、武勇に秀でた〝美濃熊〟こと一柳直末《ひとつやなぎなおすけ》が所持。直末は秀吉からひときわ目を掛けられたことで知られ、天正18年（1590）の小田原征伐では目覚ましい活躍をみせた豊臣秀次を補佐して北条氏の最重要拠点・山中城を攻めた。秀次勢7万という圧倒的な大軍勢だったが、北条方守兵4千は驚異的な粘りを見せ、山中城は半日で落城してしまうも豊臣方にも甚大な被害を与えた。この戦いで秀次宿老として戦場に臨んだ直末は鉄砲で撃たれまさかの討死、悲報を受けた秀吉の落胆ぶりはかなりのもので、「関東を得る喜びも失われてしまった」としばらく口も利けなかったという。

厚藤四郎は、一旦は黒田官兵衛の手に渡ったが、その後秀次が所有するところとなる。秀次は跡継ぎのいなかった秀吉が関白を譲った誰もが認める後継者であった。ところが秀次は一転してその地位を追われ、厚藤四郎の血塗られたエピソードを残して近臣共々切腹、秀次の首は三条河原に晒され、その首の前で一族と従者39人全員が斬首された。
これは「秀次事件」と称される謎の多い事件である。

◆秀吉後継の座から一転して反逆者に

秀次は幼名治兵衛、通称を孫七郎。秀吉の姉ともの長男で、縁者が少ない秀吉にとっては片腕であった異父弟・小一郎秀長に次いで頼りにしていた一族衆筆頭。秀長はあまりにできすぎ、あらゆる戦場に動員されたのが祟ったのか、小田原征伐の頃には体調を崩し、そのまま帰らぬ人となってしまう。秀次は療養中の秀長の代理として抜擢され、秀吉重臣の多くを失う大失態を演じた小牧・長久手の戦い（1584年）の汚名返上とばかりに、小田原征伐では多くの犠牲を払いながらも副将を務め上げた。秀次はその後の奥州仕置で総大将を務めた功績も含め、論功行賞で100万石の大大名となった。つまり秀吉の再試に合格したということである。

この頃に秀長が死去し、秀吉の嫡男鶴丸までもが3歳で他界した。その心細さが拍車を掛けたのか、秀吉は秀次を養子に迎え、ついに天正19年（1591）、秀次は関白に就任する。〝太閤〟とは摂政・関白を譲った人物の呼称で、秀吉が太閤を名乗るのはここからである。とはいえ肩書きは変わったものの、政治の中心にいるのは相変わらず秀吉その人だった。

秀次が突然遠ざけられた原因として最も可能性が大きいとされているのが、文禄2年

（1593）8月に淀殿の間に実子秀頼が誕生したことである。豊臣家衰亡の一番の原因は後継者問題にあった。もちろん秀吉自身の運のなさもあったのだが、周囲への配慮のなさも天下一品で、秀吉の言動は豊臣家中に混乱を招いた。

秀吉が高齢だったこともあり鶴丸が誕生した際も喜びようは常軌を逸しており、生後4ヶ月の乳児を大坂城に入れ、後継者に指名したほどである。もはや諦めていたところに誕生した実子秀頼に秀吉の狂喜乱舞ぶりは歯止めがなかった。10月には1歳になったばかりの秀次の娘と婚約させると言い出し、そうかと思えば早くも所領を与えようとするなど頭の中は〝3代目〟のことばかりで、秀次も喘息を起こすなど体調悪化の一方だったという。そして文禄4年（1595）6月、突然、秀次に謀反の疑いが持ち上がったのである。

◆側近たちすら読めなかった秀吉の非情と狂気

『甫庵太閤記』には正親町《おおぎまち》天皇崩御の服喪期間にもかかわらず聖地比叡山で鷹狩りをした、盲人を刀で斬ってなぶり殺しにした、などの記述がみられるが、裏付けはない。秀次は高野山に蟄居を命じられ、7月15日に秀吉から切腹が申し渡されるのだが、確たる理由も今もってよくわからない。一説には、秀次が無実を証明するために切腹したという見方もあるほどで、時の関白にまで上り詰めた栄誉とは真逆のあまりにも悲惨な最期である。

秀次は数々の名刀を所有していた。厚藤四郎は寵臣山田三十郎に与えられ、秀次が介錯したという説がある。秀次を介錯したと伝わる刀・南都住金房兵衛尉政次は殉死した家臣・雀部《ささべ》重《しげ》政《まさ》の子孫に伝わり現存している。

しかし秀吉の怒りは治まらなかった。秀次の首は三条河原に送られ、8月2日には秀次の妻妾公達（子供5人、女性34人）が全員集められた。三条河原には40メートル四方に堀を作り、鹿垣を巡らせ、秀次の首が高々と晒されたという。そして子供から順に全員を斬首し、掘った穴に放り込んでいった。そのあまりの惨状に見物人から罵詈雑言が浴びせられたという。遺骸を埋めた上には「秀次悪逆塚」と刻まれた石塔が置かれた。京の人々は誰が言うともなくこの塚を「畜生塚」と呼んだ。〝殺生関白〟とされた秀次の悪行を晒し、道行く人々への見せしめとするための塚だったが、それは太閤秀吉の狂気を伝える血塗られたモニュメントとなった。

なお秀次謀反の疑いに際して、秀吉の側近たちの多くが助命嘆願を行っている。しかしその嘆願は強いものではなかった。秀次が叛意など抱くはずがない。疑いはすぐに晴れるだろう、と誰もが考えていた。処刑された側室の中には側室となるために京に到着して間もない最上義光次女・駒姫の姿もあった。15歳になったばかりで美少女と謳われた女性だった。義光の必死の助命嘆願を秀吉も受け入れ、刑場に早馬を飛ばしたが間に合わず、処刑されてしまったという。この「秀次事件」は、豊臣恩顧の諸大名にも動揺を与え、秀吉晩年に暗い影を落とした。

関ヶ原の戦いに与えた影響も少なくないといわれる。
厚藤四郎は秀吉から毛利秀元に伝わり、孫の綱元から徳川家綱に献上され、一橋徳川家に伝来した。国宝である。

坂本龍馬《さかもとりょうま》と陸奥守吉行《むつのかみよしゆき》

◆仲間と共に学んだ青春時代

維新の立役者・坂本龍馬といえば、高杉晋作から贈られた拳銃を懐にしのばせ、「これからはコレの時代じゃき」と言うエピソードがうんざりするほどお約束になっているが、実は剣術の腕も相当なものだった。土佐藩郷士の家の出で早くから剣術を学び、十代のうちに小栗流剣術目録を修め、19歳で江戸へ剣術修行に赴いている。しかも選んだのは「小千葉」こと千葉定吉の開く北辰一刀流の道場である。千葉定吉は千葉周作の実弟であり、剣の腕は兄に負けず劣らずであった。

「技」の北辰一刀流――。

創始者の千葉周作は名門・上総千葉氏の流れを汲み、家伝の北辰夢想流に自ら修めた一刀流を合わせて北辰一刀流を創設した。特筆すべきはその指導法で、技能の習得段階に応じて指導内容を変え、無駄なく合理的に免許皆伝ができるというものだ。これにより、周作が江戸・神田に開いた道場・玄武館には入門希望者が殺到、全国諸藩の武士たちが集い、江戸3大道場の中でも最もメジャーな名門道場となった。

龍馬は熱心に剣の修行に励んだが、小千葉道場に通って数日後、これも天命だったのか浦賀にペリーが来航する。その騒動を目の当たりにした龍馬は西洋諸国の強大さに驚き、砲術や蘭学、漢学も学び始める。1年の江戸留学は龍馬の運命を大きく変えるものになった。

龍馬は一旦帰国すると再び小栗流を極め、道場の師範代を務めている。その後、再度江戸に出て今度は後に土佐勤王党《とさきんのうとう》を組織する武市瑞山《たけちずいざん》、〃人斬り〃と呼ばれた岡田以蔵らと共に剣術修行に没頭した。ただし彼らが通った道場は玄武館ではなく鏡新明智流《きょうしんめいちりゅう》の「士学館」である。

「位」の鏡新明智流――――。

「位」とは構えや立ち姿の美しさを示すもの、といわれる。「気品」があるということであろう。創始者は桃井直由《もものいなおよし》（初代桃井春蔵）で、安永年間（1772〜1780）の頃と伝えられる。武市は土佐に自前の剣道場を開く剣客だったが、桃井に見込まれ、ほどなく塾頭に抜擢された。

3大道場の残る一つが「練兵館」。流派は「力」の神道無念流《しんとうむねんりゅう》である。巷説によると龍馬は江戸留学中に長州藩・桂小五郎と仕合を行い、格段の実力差がありながら最後の一本で勝ちを拾ったといわれる。桂も〃逃げの小五郎〃と呼ばれ、実戦を極力避けた人物だが、練兵館塾頭を5年にわたって務め上げた腕は並ではない。この戦いは「龍馬はいざとなれば剣も強い」という伝説の根拠となっている〝幻の一戦〟なのだが、実際に行われたかどうかはさておき、龍馬には〝いざとなれば〟という意外性はさほどなかったと考えられる。

龍馬の剣の実力については長らく疑問視されてきたが、最近になって北辰一刀流の免許皆伝を取得していたことを裏付ける史料が見つかっている。これまで「長刀《なぎなた》」に限って免許皆伝であることはわかっていたが、これで晴れて〝剣豪〟の肩書きが名乗れることになったわけだ。

◆ピストルを持ちながらも、刀を手放すことはなし

陸奥守吉行は龍馬が愛刀としたことで知られる。同名の刀工吉行は本名を森下平助といい、摂津国から大坂で大和守吉道に師事し、土佐に招かれて鍛冶奉行となり、はりまや橋にほど近い東種崎町の鍛冶場で刀を鍛えた。作品は〝斬れ味土佐一〟と称され、坂本家にも伝来の1振があった。龍馬は兄権平に「死ぬ覚悟で国家難に挑むために」と頼み込んで譲ってもらい、藩主山内容堂に会うために土佐を訪れていた西郷隆盛から龍馬と共に暗殺された陸援隊隊長中岡慎太郎経由で龍馬の元に送り届けられた。慶応3年（1867）3月ごろには龍馬は吉行を佩刀していたようで、手紙の中には「京都の刀剣家が褒めてくれる」という記述も見られる。龍馬が暗殺されるのはこの年の11月15日のことである。

龍馬はめったに剣を抜かなかった。もっぱら武装はピストルである。寺田屋事件（1866年）でも龍馬は高杉晋作から上海土産でもらったピストルを発砲したのみである。しかし、龍馬はその後も、危険な京の街を精力的に動き回っていた。大政奉還を成し遂げ、その後は新たな国家建設が待っている。そんな折に龍馬が京を離れられるはずがない。龍馬がある種無謀な行為ができたのは、ピストルの武装以外にもやはり、人並み以上に優れた剣の腕があったからこそだろう。

◆龍馬と暗殺した剣客集団の正体

龍馬はその夜、潜伏先の河原町四条の醤油商近江屋2階の奥の間で中岡慎太郎と激論を戦わせていたという。午後8時、予期せぬ客人が現れる。京都見廻組与頭・佐々木只三郎に率いられた見廻組屈指の剣客7人である。

佐々木は誰何する龍馬の下僕で元力士の山田藤吉に「十津川郷士」と名乗った。勤皇である十津川郷士には龍馬の知己も多く、疑いもせず藤吉は客人を引き入れた。すでに〝刺客〟は見張り役を残して5人が屋内に入り込んでおり、各自が即座に臨戦態勢を取った。案内された2階の板の間で藤吉の背に佐々木が刀を振り下ろすと、藤吉はもんどりをうって倒れた。一刀のもとに斬り捨てたとはいえ藤吉の巨躯は家を大きく揺らし、刺客の誰もが表情をこわばらせた。

「ほたえなや！」

奥の間から龍馬の声が聞こえた。刺客は視線を交わすと全員が抜刀し、奥の部屋に向かった。時悪しく、龍馬も慎太郎も帯刀していない。

突然ふすまが開けられ、勢いよく飛び込んできた居合いの手練れが龍馬の額を的確に横に薙いだ。龍馬は後ろに倒れながらも床の間の愛刀吉行の柄を握った。その瞬間、2刀目を背に受けた。何とか立ち上がった龍馬だったが、3人目の刺客が渾身の一撃を加え、鞘越しに龍馬の頭を割った。慎太郎も血の海に沈んでいる。2人が動かなくなったのを見届けると佐々木は「もうよい」と言い、惨劇の部屋を後にした。

まだ息のあった慎太郎は死の間際、龍馬の最期を語っている。龍馬は慎太郎を変名の石川で呼び「太刀はないか」と問いかけたという。これが最期の言葉になった。

〝近江屋事件〟は未解決のまま残され、その後、戊辰戦争の動乱の中で関わった当事者の多くが死去してしまったため真相は闇に葬られたと思われてきた。真っ先に疑われたのは新撰組であり、その後も売名のために〝自白〟する浪人も絶えず、そのたびに騒ぎになってきたのも事実である。だが、現在の研究では龍馬暗殺は京都見廻組の〝任務〟だったという見方がほぼ確定している。その背後には幕府上層部、具体的には京都守護職・松平容保の命があったと考えられている。

先祖伝来の愛刀吉行を握り、志半ばにして落命した龍馬。龍馬にとって、剣の道は人生を捧げるに値するものではなかった。しかし弱虫だった龍馬を変えたのはまぎれもなく剣術であり、剣術に憧れて江戸へ赴いたことで龍馬の人生は大きく動いた。そうなると、龍馬の人生はやはり剣の道の先にあったというべきなのかもしれない。

用語解説

あ行

打刀【うちがたな】室町時代以降、武士の指料として一般的になった刀の総称。馬上合戦用の太刀と区別して作られた徒歩戦用の刀である。

か行

鋒【きっさき】刀身の先端部分のこと。大きさによって大鋒・中鋒・小鋒がある。特殊な形としては刀身の身幅が広く鋒が詰まった猪首鋒がある。切っ先とも。

御物【ぎょぶつ】天皇家に伝来した所蔵品のこと。

倶利伽羅【くりから】不動明王が持つ降魔の剣。刀身に巻き付いた黒龍が剣先を飲み込もうとしている図案で表現される。

剣【けん】刃長の長短に関係なく、左右対称に作られた両刃の直刀。

鯉口【こいくち】鞘の口の部分。断面が鯉の開いた口に似ているところから。

笄【こうがい】本来は髪の乱れを直す小道具で、刀装具として拵の差表の鞘口に収められた。

小柄・笄・目貫を総称して「三所物」という。

五箇伝【ごかでん】 幕府や有力者との関係から隆盛を誇った大和・山城・備前・相州・美濃の5ケ国の伝法。名工や刀工集団を輩出。

拵【こしらえ】 刀装の形式のこと。太刀拵と打刀拵がある。

鐺【こじり】 鞘の先端を保護するために取り付けられた金具。

古刀【ことう】 文禄末年・慶長初年（1596年）以前に作られた刀。

小柄【こづか】 細工用の小刀で拵の差裏の鞘口あたりに収められた。小刀柄とも称され、芸術性の高い装飾があしらわれた。

さ行

差料【さしりょう】 腰に差すものの意。刀を婉曲的に表現したもの。

鞘【さや】 刀身を収め、湿気や埃から刀身を守る。木地を漆塗としたものが一般的だが、革で巻いたり金銀装飾を施したりとさまざまな意匠がみられる。

鎬【しのぎ】 刀の刃と峰の間で稜線を高くした所。鎬筋。

地肌【じはだ】 鍛錬によって鉄に表れた模様。鍛え肌とも。

新々刀【しんしんとう】新刀のうち、明和年間以降（1764年〜）に制作された刀。

新刀【しんとう】文禄末年・慶長初年（1596年）以降の刀。

磨上げ【すりあげ】茎尻から切り縮めて刀身を短くすること。

反り【そり】日本刀の美を象徴する姿形。叩きつけながら引くという効率のよい裁断を可能にしている。反りの位置によって腰反り・中反り・先反りに分類される。

た行

太刀【たち】反りが高く、刃を下にして佩刀する形式の刀のこと。

試し斬り【ためしぎり】刀の性能を図るため、実際に人体を用いて試し斬りが行われた。作法は決まっており、重ねた3体の死体をすべて切断したものを「三ツ胴」、5体ならば「五ツ胴」などの評価が与えられた。

短刀【たんとう】長さが1尺（30・3センチメートル）未満の刀。腰刀とも呼ばれる。一般的には平造。

直刀【ちょくとう】反りがほとんどない刀。古墳時代から奈良時代にかけて製作された。

柄【つか】刀の握りの部分。打ち刀の場合は革巻、糸巻きにしたものが多い。

柄巻【つかまき】滑り止めと手持ちのよさを高めるために施される。柄糸の巻き方には捻巻、平巻などの種類がある。

造込み【つくりこみ】刀剣の形状のこと。戦闘様式の変化や時代の流れによってさまざまな形状が生み出された。鎬筋を立てない平面の平造、日本刀の典型的姿ともいえる鎬筋を立て鋒部分を作った鎬造などがある。

鍔【つば】戦いの時に手許を保護するだけでなく、刀の重心を調節する役割がある。芸術性も高く、鞘と並ぶ拵の見どころのひとつ。

刀身彫刻【とうしんちょうこく】古刀では梵字や素剣、不動明王など、信仰を示すモチーフが多い。新刀では装飾性が強くなる。

な行

茎【なかご】刀身の柄に収まる部分。作者や流派によってさまざまな形がある。

長巻【ながまき】大太刀に長柄を付けた武器。斬撃に特化した機能を持ち、集団戦闘で威力を発揮した。

長刀【なぎなた】柄を長くして、遠くの間合いから薙ぎ払うために作られた。薙刀とも。

沸【にえ】焼き入れの工程で硬度の差によって生まれる模様のひとつで、荒い粒子が星のように光って見える部分。

匂【におい】刃中に生じる模様のひとつで、

細かい粒子のため霞が流れるように見える。

野太刀【のだち】戦場で用いられた実戦刀。刀身は長寸で肉厚、頑丈な造込みで、拵は実用に特化した堅牢で武骨なものが多い。

は行

鎺【はばき】刀身部と茎の間にあり、鞘に収納したときに刀身が木部の当たらないように支える役割がある。

刃文【はもん】焼刃の形状を指す。刀工独自の形状があり、時代や流派によってもさまざまな特徴がある。

樋【ひ】刀身の鎬地に彫られた溝。重量を軽くし、強度を増す働きがある。

ふくら【ふくら】鋒の曲線状になった刃先部分を指し、丸みを帯びていれば「ふくらつく」、逆に鋭い場合は「ふくらかれる」という。

帽子【ぼうし】鋒の刃文のこと。刀工によって多様な形状がある。

ま行

棟【むね】刀身の背に当たる部分で、その形状によって庵棟・三ツ棟・丸棟に大別される。

銘【めい】茎に刻印された文字で、作者や所有者の名や製作年などが記されたもの。

目釘【めくぎ】 柄の表から差し通して刀身を固定する留め具。

目貫【めぬき】 元々は刀身の留め具（目釘）だったが、装飾が施された飾り金具となった。滑り止めの役目も果たしている。

や行

鑢目【やすりめ】 柄から茎が脱落しないように鑢を入れたもの。新刀期には各刀工が意匠をこらした。

鎧通し【よろいどおし】 身幅が狭く重ね厚く、頑丈な造込みが特徴の短刀。組み打ちの際に鎧の隙間から突き刺すことに使われた。

わ行

脇差【わきざし】 1尺以上、2尺未満の刀。桃山・江戸時代には「大小」の「小刀」、すなわち予備の刀として所持した。補助的な扱いだったため武士以外の身分でも携帯が許された。

業物【わざもの】 文化12年（1815）に『懐宝剣尺』で発表された、刀剣の切れ味による刀工の分類。御様御用を務めた山田浅右衛門の試し斬りにより選定されている。特に裁断能力の高い刀の刀工を「最上大業物」とし、順に大業物、良業物、業物に格付けした。

参考文献

「完訳フロイス日本史」――(中央公論新社)
「決定版 図説日本刀大全」――(学習研究社)
「別冊宝島 日本刀の本」――(宝島社)
「詳録 新日本史史料集成」――(第一学習社)
「新撰組顛末記」永倉新八――(中経出版)
「織田信長合戦全録」
――谷口克広(中央公論新社)
「織田家臣人名事典」――(吉川弘文館)
「奮闘 前田利家」――(学習研究社)
「戦国武将群雄譜」――(学習研究社)
「一条天皇」倉本一宏――(吉川弘文館)
「図説 源義経」――(河出書房新社)
「血誠 新撰組」――(学習研究社)
「山内一豊のすべて」
――小和田哲男編(新人物往来社)
「土方歳三 新撰組を組織した男」
――相川司(中央公論新社)
「源頼政」多賀宗隼――(吉川弘文館)
「戦国武将96人の真実」――(新人物往来社)
「名将言行録」――(ニュートンプレス)
「信長公記」――(新人物往来社)
「山名宗三と細川勝元」
小川信――(吉川弘文館)
「日本刀と武士」――(実業之日本社)
「信長の血統」山本博文――(文藝春秋)
「鎌倉北条氏の興亡」―奥富敬之(吉川弘文館)
「実録戦国北条記」――伊東潤(H&I)
「戦国武将を育てた禅僧たち」
小和田哲男――(新潮社)
「永青文庫 細川家の歴史と名宝」
――熊本県美術館
「桶狭間の戦い」――藤本正行(洋泉社)
「後北条氏家臣団」――下山治久(東京堂出版)
「徳川家康家臣団の事典」
――煎本増夫(東京堂出版)
「越前朝倉一族」――松原信之(新人物往来社)
「逆説の日本史4 完本信長全史」――(小学館)
「逆説の日本史5 新説秀吉英雄伝」―(小学館)
「西国の戦国合戦」――山本浩樹(吉川弘文館)
「戦国海賊伝」――(笠倉出版社)
「誰も書かなかった戦国武将96人の真実」
――(新人物往来社)
「武将・剣豪と日本刀」――(笠倉出版社)
「秋田県の歴史」――(山川出版社)
「下総結城氏」――荒川善夫(戎光祥出版)
「怒涛!豊臣秀吉軍団100人の武将」
――(新人物往来社)
「長曽禰虎徹の研究　上下」――杉原祥造著、
内田疎天編(杉原日本刀学研究所)
「決戦 関ヶ原」――(学習研究社)
「岡野融成江雪―秀吉、家康、氏直に愛された天下の名僧」――井上美保子(幻冬舎)
「福井藩」――舟澤茂樹(現代書館)
「福岡藩」――林洋海(現代書館)
「刀剣と歴史」――(日本刀剣保存会)
「新編物語藩史」――(新人物往来社)
「堀川国広とその弟子」――佐藤貫一編
「熊本歴史叢書 乱世を駆けた武士たち」――(熊日出版)
「江戸幕府 その実力者」
――北島正元編(人物往来社)
「肥後武将の源流」――高田泰史(もぐら書房)
「佐土原城興亡史」――末永和孝(鉱脈社)
「江戸三〇〇藩物語藩史」――(洋泉社)
「宮崎県の歴史」――(山川出版社)
「披沙揀金 徳川家康公逸話集」
――全国東照宮連合会 編纂
「兵庫県の歴史」――(山川出版社)
「鳥取県の歴史」――(山川出版社)
「日本伝記伝説大事典」――(角川書店)

おわりに

八百万《やおよろず》の神が住まう神国・日本には、古事記・日本書紀に登場する３００余の神々を筆頭に、異国からやってきた渡来神はそのままの形で受け入れられることもありますが、多くは日本独自のアレンジを施されて神の座に加わります。故人の威徳を偲ぶ、または怒りを鎮めるなどの理由から、私たちと同じ人間も神になることができます。歴史的な偉人や傑物が死後祭神となった神社は各地にあり、靖国神社には２４６万６千余柱もの英霊が祀られています。

神は山や海、森や川や湖、木々や草花など自然界の隅々にまで宿り、それは私たちのごく身近にも精霊や魂として無数に存在しています。ものづくりの過程から制作者の精神や用いた主の思念を吸い取ったかのように、あらゆる道具や日用品にも魂が与えられました。確かにこれならば八百万の神国というのもあながち遠い数ではありませんね。

使い古された道具が変化《へんげ》した付喪神《つくもがみ》は、１００年を経た道具には精霊が宿るという考えから、漢字の「百」から「一」を取って「九十九神《つくも》」とも書かれます。鬼や妖怪などが夜な夜な群れ歩く様子を描いた『百鬼夜行絵巻』には、付喪神の姿も描かれていますが、そのどことなくユーモラスで生き生きとした姿を見ていると、むしろ作者はこちらの方を描きたかったのではないかと思えてきます。

日常生活に馴染みのある器物の付喪神は、１００年分の愛着を反映したキャラクターに造形されているのでしょう。

刀剣は元々それ自体が霊的な魂を備えた神器《じんぎ》でした。森羅万象の中から特殊な工程を経て生まれた刀剣は神の依代《よりしろ》でもあったわけです。

人々は特別な1振に号を与えました。名に「丸」が付くのは、聖と俗の接点となり得る童子を意識した命名と思われますが、それ以上に並々ならぬ愛着を感じずにはいられません。

しかし忘れてはならないのは、刀剣は人の命を奪う武器である、ということです。美しさも物語も、すべて死と隣り合わせの現実や死生観から生まれてきたもの。神の依代であるとは、運命を司るということでもあります。ただの美術工芸品とはそこが異なります。だから私たちは、〝菊の優美〟を兼ね備えた刀剣の殺伐とした輝きに魅了されてしまうのかもしれません。

剣豪より刀剣乱舞へ
託された名刀たちの追慕

発　行　日　2016年7月27日　初版第一刷発行

著　　　者　左文字右京《さもんじうきょう》
発　行　者　揖斐 憲
発　売　元　株式会社サイゾー
〒150-0043
東京都渋谷区道玄坂 1-19-2 スプラインビル 3F
TEL：03-5784-0791

印刷・製本　中央精版印刷株式会社
ブックデザイン　ナカグログラフ（黒瀬章夫）

定価はカバーに表示してあります。

ISBN：978-4-866250-63-2